Britta Schöffmann

LEKTIONEN RICHTIG REITEN

KOSMOS

INHALT

So ist das Buch aufgebaut:

Bei jeder Lektion ist unter „Skala-Faktor“ mit Sternchen markiert, in welchem Maße eine Lektion den jeweiligen Unterpunkt der Ausbildungsskala fördert: Bei einem * ein wenig, bei *** in hohem Maße.

Ein Pfeil (⇢) im Text verweist auf eine eigene Lektion zu dem genannten Begriff.

WARUM BRAUCHT EIN PFERD LEKTIONEN?

Lektionen – das ist das, was die „Kringelreiter", die „Hufschlagakrobaten" machen, wie die Dressurreiter oft spöttisch genannt werden. Dass Lektionen so unglaublich viel mehr sind, wird darüber manchmal, selbst von den Dressur reitenden Pferdeliebhabern, vergessen. Oft sieht man Reiter, die wieder und wieder die gleiche Lektion, die gleiche Hufschlagfigur üben, dabei aber offenbar deren Sinn nicht verstanden haben.
An dieser Stelle soll das Buch „Lektionen richtig reiten" aufklären und, da es wie ein Lexikon alphabetisch aufgebaut ist, als praktisches und einfach zu bedienendes Nachschlagewerk dienen. Nicht nur das Was einer Lektion wird hier erklärt, sondern auch das Wie und vor allem das Warum. Letzeres ist mir ein besonderes Anliegen, liegt doch erst im Verstehen des Warum das Geheimnis der Pferdeausbildung begründet, ganz egal, ob Dressur, Springen, Western oder sonstwas geritten wird. Wozu dient ein einfacher Galoppwechsel? Warum reite ich eine Volte? Weil es im Aufgabenheft steht? Sicher nicht – oder zumindest nicht nur. Ohne die Zusammenhänge zu begreifen, ohne jede Lektion im Gesamtzusammenhang der Ausbilungsskala zu sehen, kann kein Reiter sich und sein Pferd weiterbringen.
Statt zum Beispiel – vermeintlich übend – dutzende von misslungenen fliegenden Wechseln zu reiten, muss man wissen, dass ein Wechsel nur aus einem gut durchgesprungenen Galopp funktionieren kann. Und der wiederum wird nur mit verbesserter Losgelassenheit und erhöhter Tragkraft erreicht. Statt sich also mit seinem Pferd anzulegen, sollte der Reiter lieber systematisch am Galopp arbeiten. Und dies wiederum geht nur mit Hilfe entsprechender Lektionen und dem Wissen um ihre Bedeutung. Was im Humansport als Trainings- und Bewegungslehre bezeichnet und wissenschaftlich fundiert entwickelt wurde, ist in der Reiterei durch Jahrhunderte auf Grund von Erfahrungen entstanden und in der Zwischenzeit ebenso wissenschaftlich erklärt. Lektionen erarbeiten und reiten als ultimatives Körpertraining fürs Pferd. „Lektionen richtig reiten" versteht sich in diesem Zusammenhang als eine Ergänzung zu den Kosmos-Büchern „Die Kosmos-Reitlehre" und „Die Skala der Ausbildung".

Dr. Britta Schöffmann

ZUM GELEIT

Als Britta Schöffmann mich ansprach und fragte, ob ich mich für das Buch-Projekt „Lektionen richtig reiten" als reitendes Foto-Modell zur Verfügung stellen würde, habe ich gerne zugesagt. Denn erstens kenne ich die Autorin seit langen Jahren als sehr gute und verantwortungsvolle Reiterin und Pferdehalterin, zweitens fand ich auch das Konzept des Buches überzeugend. Vor allem die Gewichtung auf die Frage nach der Bedeutung der einzelnen Lektionen im Gesamtzusammenhang der Ausbildung liegt auch mir am Herzen. Nur wer versteht, warum und wozu die einzelnen Lektionen dienen, kann ein Pferd systematisch aufbauen. Das gilt für den Muskelaufbau ebenso wie für die mentale Entwicklung eines Pferdes. Dabei muss man sich als Reiter immer im Klaren darüber sein, dass Pferdeausbildung nicht in ein allgemein gültiges Schema gepresst werden kann. Jedes Pferd ist unterschiedlich, jedes ein Individuum. Aus diesem Grund muss auch die Ausbildung individuell auf jedes Pferd, sein Wesen und seine Veranlagung zugeschnitten werden. Das gleiche gilt auch für die Lektionen. Erstens können sie von Pferd zu Pferd unterschiedlich in ihrem Erscheinungsbild sein, zweitens sehr verschieden vom Pferd erlernt werden. Was dem einen leicht fällt, muss bei dem anderen noch lange nicht ohne Probleme funktionieren. Als Reiter muss man das Feingefühl dafür entwickeln, wann man sein Pferd mit welcher Lektion weiterbringt. Wer das nicht schafft, kann viel kaputt machen. Das geht schon in der Grundausbildung los. Natürlich sollten die drei ersten Grundpfeiler der Ausbildungsskala – Takt, Losgelassenheit und Anlehnung – an erster Stelle stehen. Der Weg dahin kann jedoch variieren. Während das eine Pferd sich vielleicht bei Lektionen wie Schlangenlinien oder Schenkelweichen schneller löst und an die Hand herandehnt, erreicht man bei einem anderen Pferd das gleiche Ziel vielleicht eher durch Übergänge oder Zulegen. Die Individualität eines Pferdes darf bei der Ausbildung nie aus den Augen verloren werden.

Isabell Werth

A

VON „ABTEILUNG ZU EINEM RECHTS BRECHT AB, MARSCH“ BIS „AUSSITZEN“

Abwenden

ABTEILUNG ZU EINEM RECHTS BRECHT AB, MARSCH

Kommando zu Beginn einer Abteilungsaufgabe, vornehmlich E- und A-Dressuren. Auf Marsch reitet der erste Reiter los, der nächste folgt, wenn der Kopf seines Pferdes etwa auf Schweifhöhe des Vordermanns ist.

SO SOLL ES AUSSEHEN Die Reiter starten nacheinander und reihen sich mit Erreichen des Hufschlags wie auf einer Perlenschnur aufgezogen hintereinander ein. Dabei ist es wichtig, dass jeder Reiter auf „seiner" Linie bleibt, das heißt, schnurgerade Richtung kurze Seite reitet. Der Sinn und Zweck der Übung ist recht simpel: Halten sich alle Reiter der Abteilung daran, erreichen sie den Hufschlag bereits mit etwa dem geforderten Abstand von einer Pferdelänge zum Vorreiter. Dies ist erstens aus Sicherheitsgründen wichtig, da zu nahes Aufreiten ein Ausschlagen hervorrufen kann. Darüber hinaus erlaubt der richtige Abstand jedem Reiter genaues und auch individuelles Reiten.

DIE HÄUFIGSTEN FEHLER Unruhe bei den hinteren Pferden; schiefes Anreiten; Einreihen direkt hinter dem Vordermann; zu frühes oder zu spätes Anreiten.

RICHTIGE HILFEN, FEHLER VERMEIDEN Die Lektion „Abteilung zu einem rechts brecht ab, marsch" ist eine der wenigen Lektionen, die eigentlich nicht weiter schwer ist. Trotzdem sollte sie geübt werden, denn sie erfordert Konzentration beim Reiter und Losgelassenheit sowie bereits einen gewissen Grad an Geraderichtung beim Pferd. Der Reiter muss sich, wie später auch in Einzelaufgaben, darauf konzentrieren, im richtigen Augenblick ⇢ anzureiten und unter Einsatz von gleichseitigen Zügel- und vorwärts treibenden Schenkelhilfen gerade auf die Richter zuzureiten. Und das Pferd soll so lange ruhig stehen, bis es die entsprechende Hilfe vom Reiter bekommt. Vor allem junge Pferde und auch alle älteren, die das Abteilungsreiten nicht gewöhnt sind, werden schon mal nervös, wenn ihr Nebenmann plötzlich losmarschiert und sie geduldig stehen bleiben sollen, oder wenn sie, falls sie an der Tete sind, so lange warten müssen, bis sich alle aufgestellt haben. Regelmäßiges Üben dieser so simpel anmutenden Lektion kann hier sehr hilfreich sein. Dabei alle Pferde ruhig auch mal länger stehen lassen als später in der Prüfung gefordert, und auch die Anfangs- bzw. Schlusspositionen hin und wieder wechseln.

Zur Grußaufstellung (oben) aufgestellt, dann nacheinander angeritten (hier ausnahmsweise einmal mit Blickrichtung lange Seite)

ZIEL DER LEKTION Der Sinn dieser Lektion ist recht einfach: der geregelte Beginn einer Abteilungsaufgabe, der gewährleistet, dass alle Teilnehmer in gleichem Abstand zum Nebenmann bzw. Vorreiter ihre Aufgabe absolvieren können.

BESONDERHEIT Abteilungs-Lektion; verlangt in E- und A-Dressuren; Konzentrations- und Gehorsamsschulung.

SKALA-FAKTOR Takt, Losgelassenheit, Anlehnung, Schwung, Geraderichtung*, Versammlung.

ABWENDEN

Die Einleitung einer Wendung bei gleichmäßig gestellt und gebogenem Pferd und gleich bleibendem Tempo zum Zweck einer Richtungsänderung oder des Einschlagens eines Kreisbogens.

SO SOLL ES AUSSEHEN Abwenden kann ja wohl nicht so schwer sein, mag hier mancher Reiter denken. Ein bisschen am inneren Zügel ziehen, und schon kommt man rum. Theoretisch mag das in Ansätzen stimmen, manchmal sogar klappen. Aber richtig aussehen tut es dann selten. Schön und damit richtig ist das Abwenden, wenn es vollkommen geschmeidig auf einem mehr oder weniger sanften Kreisbogen bei gleich bleibender Anlehnung, gleich bleibendem

Tempo, gleich bleibendem Takt und unsichtbaren Reiterhilfen geschieht. Dabei soll sich das Pferd für die Dauer der Wendung in ⇢ Längsbiegung um den inneren Reiterschenkel biegen und vermehrt Last mit seinem inneren Hinterbein aufnehmen. Auf diese Weise entlastet es sein inneres Vorderbein, ein Vorgang, der nicht nur den sauberen Takt beim Abwenden erhält, sondern auch – vor allem im Trab und Galopp – Gelenkverschleiß vorbeugt und damit der Gesunderhaltung dient. Besonders der letzte Punkt sollte für jeden Reiter ein Argument für korrektes Abwenden sein, denn immerhin wendet man, egal ob im Gelände, auf dem Viereck oder im Parcours, unendlich oft ab.

DIE HÄUFIGSTEN FEHLER Ausweichen über die äußere Pferdeschulter; seitliches Wegdriften; auf der Vorhand; herumgerissen; auf „eckigem“ Bogen; zu spätes/zu frühes Wenden; im Genick verworfen; einseitiges Ziehen des Reiters an einem Zügel.

RICHTIGE HILFEN, FEHLER VERMEIDEN Das richtige Zusammenspiel aller Hilfen ist, wie bei allen Übungen und Lektionen, die Grundlage für eine korrekte Ausführung des Abwendens. Zunächst gibt der Reiter seinem Pferd am äußeren Zügel eine halbe Parade, um es aufmerksam zu machen, fasst den inneren Zügel ein wenig nach und stellt das Pferd leicht nach innen. Der innere Reiterschenkel treibt am Gurt (das innere Hinterbein) nach vorne, der äußere liegt leicht verwahrend zurück und hält so die Hinterhand unter Kontrolle und bringt das Pferd dazu, sich der Länge nach um den inneren Reiterschenkel zu biegen. Im Moment der Wendung wird die innere Zügelhilfe ein wenig verstärkt, der äußere Zügel gibt ein klein wenig nach. Doch Vorsicht: nicht „wegschmeißen“, denn dann läuft das Pferd über die äußere Schulter weg. Der äußere Zügel bleibt also gerade so viel dran, dass er für die Pferdeschulter eine äußere Begrenzung darstellt, und gerade so wenig, dass er dem Pferd die Dehnung der äußeren Halsmuskulatur erlaubt und so ein Verwerfen verhindert wird. Äußerer Zügel und äußerer Schenkel übernehmen quasi die Funktion der Bande, an der ein Pferd von sich aus wenden

Beim Abwenden biegt sich das Pferd um die Längsachse seines Körpers.

Konzentration

Voraussetzung für das Gelingen jeder Lektion und jeder Übung ist Konzentration – beim Reiter und beim Pferd. Lieber zehn Minuten konzentriert arbeiten, als eine Stunde „nur so" herumreiten.

würde. Weicht das Pferd trotzdem über die Schulter aus, hilft meist vorübergehende Konterstellung. Ein korrekt gerittenes Pferd wendet letztlich am äußeren Zügel, der innere gibt nur die Stellung. Je besser sich der Reiter immer wieder auf seine Hilfen konzentriert, desto punktgenauer kann er später sein Pferd in jeder Gangart mit geringster Einwirkung wenden.

ZIEL DER LEKTION Neben dem profanen Sinn einer Richtungsänderung oder eines Kreisbogens hat jedes sauber durchgeführte Abwenden außerdem den Effekt, dass sich das Pferd einen Augenblick lang um den inneren Reiterschenkel biegt, mit dem inneren Hinterbein vermehrt unter den Schwerpunkt tritt und dabei Last aufnimmt, die Muskulatur seiner Körperinnenseite einen Moment verkürzt und die der Körperaußenseite gleichzeitig dehnt – eine unspektakuläre aber effektive Gymnastizierung.

BESONDERHEIT Grundlagenübung; schult laterale (seitliche) Beweglichkeit.

SKALA-FAKTOR Takt*, Losgelassenheit*, Anlehnung**, Schwung**, Geraderichtung**, Versammlung**.

ACHT

Die Verbindung zweier ⇢ Volten zu einer an einem Stück gerittenen Hufschlagfigur in Form einer Acht.

SO SOLL ES AUSSEHEN Es gibt zwar die Form „Acht", das Kommando dazu aber nicht. Zumindest nicht in Dressuraufgaben. Dort wird die Acht folgendermaßen umschrieben: Bei X Volte nach links, Volte nach rechts. Folgt man dieser Anweisung, entsteht eine Acht. Sie soll in einem Fluss geritten werden, wobei beide Teile gleich groß sein müssen. Erst am Schnittpunkt wird das Pferd etwa eine Pferdelänge gerade gestellt und dann in den zweiten Teil der Acht hineingeritten. Dabei entstehen zwei gegenüberliegende Volten, die – würde man die Acht zusammenklappen – sich genau entsprechen.

DIE HÄUFIGSTEN FEHLER Schlecht eingeteilt; ungleich große Bögen; tropfenförmige Bögen; eng im Hals; herumgezogen; ausweichende Hinterhand; bei Umstellung gegen die Hand.

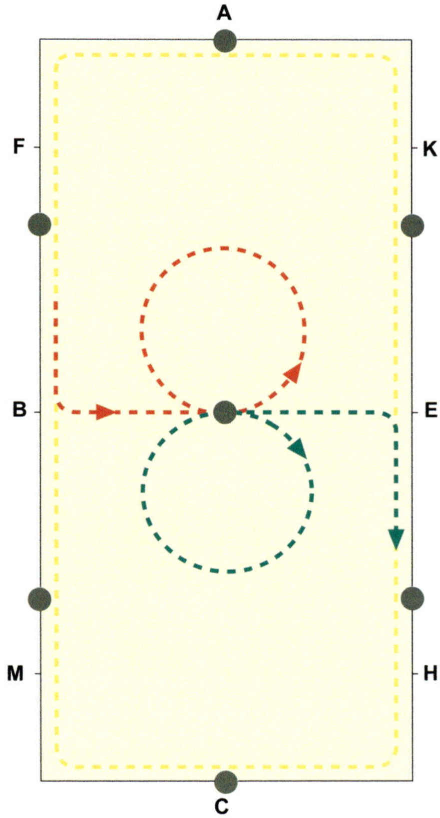

Die beiden Volten einer Acht müssen sich in Form und Größe entsprechen.

RICHTIGE HILFEN, FEHLER VERMEIDEN Beherrscht man korrekte ⇢ Volten, ist es lediglich eine Frage der Konzentration, eine saubere Acht zu reiten. Die meisten Reiter machen hier den Fehler, ab der Hälfte des ersten Bogens schräg zur Schnittstelle zurückzueilen, statt jede der beiden Volten, aus denen die Acht ja besteht, konsequent bis zum Ende zu reiten und erst dann die neue zu beginnen. Geritten wird die Acht also zunächst wie eine Volte, das heißt: inneren Zügel etwas nachfassen, das Pferd leicht nach innen stellen, den inneren Schenkel am Gurt lassen und den äußeren etwas verwahrend hinter den Gurt nehmen und damit das Pferd um den inneren Schenkel biegen. Am Ende der ersten Volte wird das Pferd auf der Ausgangslinie kurz geradegerichtet, um dann sofort in die neue Volte auf der anderen Seite hineingeritten zu werden.

ZIEL DER LEKTION Die umschriebene „Acht" in der Dressuraufgabe gibt Auskunft über die Einwirkung des Reiters und auch über die beidseitige Geschmeidigkeit des Pferdes. Im Training bietet das Reiten von Achten eine gute Möglichkeit, eben diese Geschmeidigkeit, sprich die Längsbiegung, links und rechts zu fördern und zu verbessern, vor allem, wenn man mehrere Achten „aufeinander" reitet.

Diese sollten dann aber nicht zu klein ausfallen, um Sehnen und Gelenke des Pferdes nicht übermäßig zu belasten. Am besten reitet man Achten im Trab, möglich sind sie aber auch im Galopp, und hier entweder mit einem ⇢ einfachen oder mit einem ⇢ fliegenden Galoppwechsel beim Richtungswechsel.

BESONDERHEIT Grundlagenübung; am Ende der Lösephase, in der Arbeitsphase und in der Entspannungsphase reitbar; möglich im ⇢ Arbeits- und im ⇢ versammelten Tempo.

SKALA-FAKTOR Takt*, Losgelassenheit***, Anlehnung**, Schwung*, Geraderichtung**, Versammlung*.

ANFANG RECHTS DREHT, LINKS …

… marschiert auf, marsch, Anfang halt. Kommando zur Formierung einer Abteilung zur Grußaufstellung

SO SOLL ES AUSSEHEN Mit diesem Kommando beginnen alle in Abteilungen gerittenen Aufgaben der Klasse E und A. Es kann darüber hinaus aber auch bei jedem abteilungsmäßigen Training gegeben werden. Die Reiter der Abteilung werden damit aufgefordert, sich an vorgegebener Stelle nebeneinander aufzustellen. Das kann von der langen Seite aus sein (dann halten die Reiter auf der Mittellinie; wird meist am Ende von einfachen Reiterwettbewerben verlangt) oder von der kurzen Seite aus. Letzteres ist die gebräuchlichere Form, da es so in Dressuraufgaben geritten wird.
Gegeben wird dieses Kommando dann, wenn der erste Reiter einer Abteilung die kurze Seite erreicht hat. Sobald der Kommandogeber „marsch“ sagt, wendet der erste Reiter ab und reitet schnurgerade auf die gegenüberliegende kurze Seite und damit auf die Richter zu, bis das Kommando „Anfang halt“ ertönt. In diesem Moment wird angehalten. Die übrigen Abteilungsreiter wenden nacheinander ebenfalls ab und reiten parallel zur Linie des Anfangsreiters in Richtung der anderen kurzen Seite. Dabei halten sie etwa eine Pferde-

länge Abstand zum jeweiligen Nebenreiter. Wenn sie die Höhe des stehenden Tetereiters erreicht haben, bleiben auch sie stehen. Optimal ist es, wenn alle Reiter ihre Linie Richtung gegenüberliegender Seite parallel zum Hufschlag schnurgerade einhalten und in gleichmäßigem Abstand zum Nebenmann ebenfalls schnurgerade anhalten.
Natürlich kann diese Lektion auch von der anderen Hand aus geritten werden und heißt dann „Anfang links dreht, rechts marschiert auf, ...". In den Dressuraufgaben, in denen das abteilungsmäßige Einreiten verlangt wird, kommt sie aber ausschließlich von rechts vor.

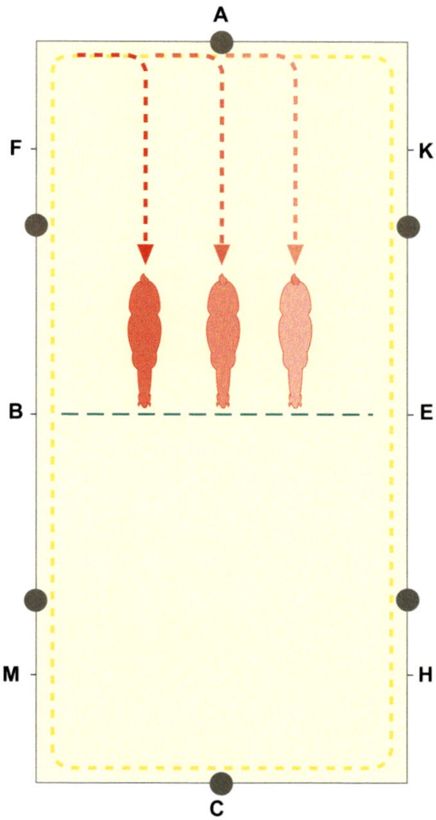

Korrekt zur Grußaufstellung „aufgereiht"

DIE HÄUFIGSTEN FEHLER Einreiten schwankend; auf schiefer Linie; Abwenden zu früh/zu spät; Einfädeln hintereinander statt nebeneinander; Abstände zu weit/zu eng; ⇢ Halten schief; Halten nicht auf gleicher Höhe; Halten unruhig.

RICHTIGE HILFEN, FEHLER VERMEIDEN Geritten wird die Lektion meist im Schritt, manchmal auch im Trab. Wichtigste Forderung an den Reiter: Konzentration. Damit ist schon fast alles gewonnen. Denn richtig schwierig ist das Abteilungs-Einreiten nicht, vor allem nicht, wenn das ⇢ Abwenden klappt. Die meisten der aufgezählten Fehler geschehen allein durch Unaufmerksamkeit des Reiters. Kleiner Tipp: Kurz vor dem Abwenden bereits dahin schauen, wohin man reiten möchte und nach der Wendung stur einen Punkt anvisieren. So bleibt man am besten gerade.

ZIEL DER LEKTION Es muss auch mal ein paar Lektionen geben, die einen profanen Grund haben. Das „Anfang rechts dreht,…“ ist so eine Lektion. Ihre Daseinsberechtigung liegt eigentlich nur im kontrollierten Aufreihen einer Abteilung zum Zweck der Grußaufstellung begründet. Trotzdem gibt auch sie dem Richter bereits die ersten Hinweise auf die Kontrolle und Einwirkung eines Reiters. Nur ein konzentrierter und gerade sitzender und einwirkender Reiter wird es schaffen, diese Klippe – und sei sie auch noch so klein – fehlerfrei zu meistern.

BESONDERHEIT Konzentrations- und Gehorsamsübung; wird beim Abteilungsreiten verlangt.

SKALA-FAKTOR Takt, Losgelassenheit, Anlehnung, Schwung, Geraderichtung*, Versammlung.

ANGALOPPIEREN

Der Übergang aus dem Halten oder aus dem Schritt oder Trab in den Galopp

SO SOLL ES AUSSEHEN Das Angloppieren soll bei gleich bleibender und ruhiger Anlehnung geschlossen und spontan, also umgehend auf die Hilfe des Reiters geschehen und sofort in den klaren Dreitakt eines sauberen Galoppsprungs auf der geforderten Hand führen. Dabei soll das Pferd auf der Linie, auf der es sich befindet, in sich gerade gerichtet bleiben.
Wie das? Ganz einfach: Der Angalopp auf einer Geraden, also an der kurzen oder der langen Seite des Vierecks, geschieht bei leichter Innenstellung ohne ⇢ Längsbiegung, der Angalopp auf einer gebogenen Linie wie dem Zirkel entsprechend der Kreislinie in Längsbiegung. Geraderichtung heißt ja nicht, dass das Pferd gerade wie eine Bahnschwelle ist, sondern dass es seine Hinterhufe gerade in oder über die Spuren seiner Vorderhufe setzt und nicht seitlich ausweicht, also auch beim Angaloppieren direkt und gerade fußend unter seinen Schwerpunkt springt.

DIE HÄUFIGSTEN FEHLER Angalopp gelingt erst nach mehrfacher Aufforderung; falsches Angaloppieren (statt Linksgalopp Rechtsgalopp und umgekehrt); gegen die Hand; eng im Hals; über die Vorhand; über den Trab (beim Angalopp aus dem Schritt); mit hoher Kruppe; schief; gegen den Schenkel; Ausschlagen (bei zu viel Sporneinsatz); nach vorne Fallen des Reiters (fehlerhaftes Schwungholen aus dem Oberkörper).

RICHTIGE HILFEN, FEHLER VERMEIDEN Die Hilfen zum Angaloppieren sind grundsätzlich gleich, egal ob man aus dem Halten, dem Schritt oder dem Trab zum Galopp kommt. Der Unterschied liegt eher im Schwierigkeitsgrad. Angalopp aus dem Halten und auch aus dem Schritt erfordert bereits einen gewissen Versammlungsgrad und ein höheres Maß an Geraderichtung, da hier aus einem schwunglosen Zustand bzw. einer schwunglosen Bewegung in eine schwungvolle Gangart gewechselt wird. Dies erfordert mehr Kraft aus der Hinterhand und bereits erhöhte Koordination bei Pferd und Reiter. Das Angaloppieren selbst geschieht folgendermaßen: Der Reiter stellt das Pferd leicht nach innen, macht es mit einer halben Parade am äußeren Zügel aufmerksam, legt gleichzeitig sein äußeres Bein verwahrend hinter den Gurt, gibt mit der inneren Wade in Verbindung mit dem Vorschieben seiner Hüfte eine treibende Schenkelhilfe in Form eines kurzen und prägnanten Zufassens und gibt in dem Moment, in dem das Pferd reagiert und anspringen will, mit der inneren Hand ein wenig vor. Gerade Letzteres ist wichtig, denn den Galopp beginnt ein Pferd mit dem inneren Hinterbein, das heißt, dieses Hinterbein kommt vermehrt nach vorne und nimmt für einen kurzen Moment das Gewicht des Pferdes auf – Voraussetzung für den Wechsel von einem Takt in den anderen. Blockiert hier der Reiter mit einer zu festen inneren Hand, kann das Pferd kaum korrekt angaloppieren. Pferde mit etwas festerer Anlehnung „nehmen“ sich in einem solchen Fall durch ein Wehren des Kopfes den Zügel oft selbst. Pferde mit eher loser Anlehnung klappen ihren Kopf im Angalopp nach rückwärts hinter die Senkrechte, um sich so die notwendige Zügelfreiheit zu erpfuschen.

Angaloppieren soll immer spontan erfolgen.

Nur das korrekte Zusammenspiel von Schenkel, Hand und Gewicht gewährleistet ein gerades Angaloppieren.

Um ein flüssiges und jederzeit abrufbares Angaloppieren zu erreichen, ist deshalb das korrekte Zusammenspiel von Schenkel, Hand und Gewicht/Kreuz des Reiters enorm wichtig – wie bei fast allen übrigen Lektionen übrigens auch.
Zu diesem korrekten Zusammenspiel gehört auch der gleichmäßige Einsatz der Schenkel- und Gewichtshilfen beim Angaloppieren.
So darf mit dem verwahrenden äußeren Schenkel nicht gedrückt werden, da das Pferd dies als seitwärts treibende Hilfe verstehen und dementsprechend auch mit der Hinterhand seitlich ausweichen würde. Vielmehr liegt der äußere Schenkel recht locker am Pferd und fängt, während der innere Schenkel den Impuls gibt, höchstens ein seitliches Ausweichen des Pferdes nach außen ab.
Das oft vorkommende „falsche" Angaloppieren ist häufig Folge eines unkonzentrierten Reiters, der nicht an die feine Abstimmung aller notwendigen Hilfen denkt. Oft liegt es aber auch in einer noch mangelnden Geraderichtung des Pferdes begründet. Hier hilft es, den

Angalopp zunächst auf gebogenen Linien zu erarbeiten, entweder in den Ecken oder auf dem Zirkel oder aber ausgangs von Volten. Da hier – zumindest wenn die Wendung richtig geritten ist – das innere Hinterbein des Pferdes bereits ein wenig mehr unter dem Schwerpunkt ist und auch schon Biegung und Stellung vorgegeben sind, fällt es den meisten Pferden leichter, den richtigen Galopp zu finden. Und da das Reiten auf gebogenen Linien bekanntlich (siehe „Die Skala der Ausbildung") die Geraderichtung fördert, ist es meist nur eine Frage der Zeit, bis der Angalopp auch auf einer Geraden problemlos funktioniert.

Wenig hilfreich ist das oft zu sehende Schwungholen des Reiters mit seinem Oberkörper, um das Pferd in den Galopp zu bringen. Denn der Reiter mag noch so schön schwingen – seinem Pferd kann er so keinen Schwung geben. Im Gegenteil. In dem Moment, in dem der Reiter nach vorne fällt, entlastet er seinen Sitz und gibt, zusammen mit der halben Parade und einem zurückgelegten Schenkel, eine fast vollständige Rückwärtshilfe. Da sein innerer Schenkel aber gleichzeitig nach vorne treibt, erntet er beim Pferd als Reaktion auf seine reiterlichen Schwungübungen nur Unverständnis und Verwirrung. Was soll der Vierbeiner denn nun tun? Vorwärts galoppieren oder rückwärts treten? Die Eindeutigkeit einer Hilfe muss also immer gegeben sein, um im Laufe der Ausbildung – sowohl der reiterlichen als auch der des Pferdes – zu unsichtbarer und effektiver Einwirkung zu kommen.

ZIEL DER LEKTION Das Angaloppieren dient in erster Linie dem Selbstzweck, in diesem Falle, von einer anderen Gangart eben in den Galopp zu kommen. Als Nebeneffekt können sich aber, vor allem in Kombination mit Übergängen in niedrigere Gangarten, die Anlehnung und die Losgelassenheit eines Pferdes verbessern lassen.

BESONDERHEIT Grundlagenübung; Schulung der Koordination.

SKALA-FAKTOR Takt*, Losgelassenheit***, Anlehnung***, Schwung**, Geraderichtung**, Versammlung*.

ANHALTEN

Siehe *Halten* (S. 74)

ANREITEN

Das In-Bewegung-Setzen des Pferdes aus dem Halten in den Schritt.

SO SOLL ES AUSSEHEN Jegliches Anreiten soll spontan und vom Fleck weg geschehen bei möglichst geringer Hilfengebung des Reiters. Optimal ist es, wenn das Pferd sich scheinbar von selbst schnurgerade in Bewegung setzt und dabei ruhig an den Hilfen bleibt. Beim Anreiten soll sich das Pferd sofort zufrieden an die Hand herandehnen, wobei der erste Schritt bereits taktsicher sein muss.

Bereits der erste Schritt nach dem Anreiten muss sauber im Viertakt sein.

DIE HÄUFIGSTEN FEHLER Nicht vom Fleck weg; mit Taktstörungen; auseinander gefallen; schwankend; stark sichtbare Reiterhilfen (klopfende Unterschenkel, deutlicher Sporneinsatz etc.).

RICHTIGE HILFEN, FEHLER VERMEIDEN Voraussetzung für ein sicheres Anreiten ist, dass das Pferd bereits gut „am Schenkel" reagiert. Das heißt, es geht auf gleichmäßigen, kurzen Druck der Schenkel

nach vorn. Will der Reiter aus dem Stand losreiten, muss er mit beiden Schenkeln eben diesen Druck machen, gleichzeitig eine halbe Parade geben und mit den Händen leicht nachgeben. Je besser ein Pferd am Schenkel reagiert, desto besser klappt in der Regel das Anreiten. Bleibt der Vierbeiner trotzdem wie angenagelt stehen oder setzt er sich gemächlich wie ein alter Diesel erst auf wiederholte Aufforderung in Bewegung, muss der Vorwärtsimpuls zwei, drei Mal energisch gegeben werden, das heißt, der Reiter darf sein Pferd ruhig einmal mit beiden Schenkeln kräftiger in die Seite buffen. Wichtig dabei ist nur, das Pferd in dem Augenblick auch nach vorn gehen zu lassen, ganz egal, ob es dabei lehrbuchmäßig an den Hilfen steht oder nicht. Meist genügt anschließend dann wieder ein leichter Schenkeldruck und das Pferd tritt an. Hält man sein Pferd nach dem „Anbuffen" mit der Hand zurück, verunsichert man es. Soll es nun vorwärts gehen oder nicht? Also ganz wichtig: Hand vor und das Vorwärtsgehen somit belohnen. Nur so begreift ein Pferd, was der Reiter wirklich will.
Probleme mit dem gerade Anreiten kuriert man am besten mit einem kleinen Trick: Starr auf einen Punkt vor einem schauen und genau darauf zureiten. So wirkt man automatisch gleichmäßger ein. Hilfreich ist hier beim Üben auch das Anreiten Richtung Spiegel, da es dem Reiter erlaubt, sich und das Pferd zu kontrollieren und Gefühl für die gerade Linie und den gleichmäßigen Schenkeleinsatz zu entwickeln.

Stets spontan

Jede Hilfe sollte stets so eindeutig und konkret gegeben werden, dass die Lektionen Anreiten, Antraben oder Angaloppieren spontan, also umgehend, geschehen. Nur so lernt das Pferd, auf Dauer auf feinste Hilfen zu reagieren.

ZIEL DER LEKTION Beim Anreiten setzt sich das Pferd nicht nur in Bewegung, es muss dazu auch seinen „Motor", seine Hinterhand, aktivieren, um vorwärts zu kommen. Anreiten ist deshalb auch immer eine gute und dabei doch so simple Lektion, die Muskulatur der Hinterhand zu kräftigen.

BESONDERHEIT Grundlagenübung.

SKALA-FAKTOR Takt, Losgelassenheit, Anlehnung, Schwung, Geraderichtung, Versammlung.

ANTRABEN

Der Übergang vom Halten oder aus dem Schritt in den Trab.

SO SOLL ES AUSSEHEN So wie beim allgemeinen Anreiten soll auch das Antraben flüssig und auf die kleinste Reiterhilfe spontan geschehen. Wird das Antraben aus dem Halten verlangt, soll schon der erste Tritt ein Trabtritt sein.
Antraben aus dem Schritt muss ohne Umweg aus einem klaren Viertakt des Schritts in den Zweitakt des Trabes führen. Das Pferd soll dabei gleichmäßig an den Hilfen stehen, auf unsichtbare Reiterhilfen reagieren und den Bewegungsimpuls aus der Hinterhand entwickeln. Je ausbalancierter und in sich gerade gerichteter ein Pferd, desto sicherer wird auch das Antraben gelingen.

Takt und Anlehnung müssen – wie hier gezeigt – auch beim Antraben klar erhalten bleiben.

DIE HÄUFIGSTEN FEHLER (Vom Halten aus) nicht vom Fleck weg; schwankend; über Schritt; (aus dem Schritt) über Zackeln; stark sichtbare Reiterhilfen; gegen die Hand.

RICHTIGE HILFEN, FEHLER VERMEIDEN Antraben, so simpel die Lektion sich darstellen mag, so wichtig und auch kniffelig kann sie sein. Das geht in einer Dressurprüfung schon nach der ersten ⇢ Grußaufstellung los. Da heißt es nämlich oft „im Arbeitstempo“ oder „im versammelten Tempo“ antraben. Die Grußaufstellung und auch dieses erste Antraben sind quasi die Visitenkarte des Reiters. Wer hier schon mit Problemen beginnt, muss sich in den kommenden Lektionen bei den Richtern erst wieder „hocharbeiten“, um noch auf einen grünen Zweig zu kommen. Gelingt das Antraben dagegen lehrbuchmäßig, also spontan, schnurgerade und sicher an den Hilfen, hat man die erste gute Note schon in der Tasche.
Will man nun aus dem Halten antraben, muss man, wie bei der Einleitung jeder Lektion, mit einer halben Parade das Pferd kurz aufmerksam machen, nach dem Motto: Achtung, gleich kommt was. Um keine Unruhe aufkommen zu lassen, sollte das Antraben dann auch auf dem Fuße folgen. Dazu spannt der Reiter sein Kreuz etwas an (richtet sich also ein wenig mehr auf), setzt mit beiden Schenkeln einen gleichmäßigen, leichten Vorwärtsimpuls und lässt im selben Moment beide Zügel ein wenig vor. „Ein wenig“ heißt dabei aber nicht „wegschmeißen“, denn dann geht die Anlehnung verloren, das Pferd wird unsicher. Das Nachgeben soll gerade so viel ausmachen, dass sich das Pferd etwas nach vorn an die Hand herandehnen kann, während es den Vorwärtsimpuls aus den Hinterbeinen in Bewegung umsetzt. Zum Antraben aus dem Schritt werden grundsätzlich die gleichen Hilfen gegeben. Allerdings genügt hier meist ein etwas geringerer Schenkelimpuls, da das Pferd ja bereits in Bewegung ist. Ganz wichtig ist aber auch hier wieder das Zusammenspiel aus treibenden, durchhaltenden und nachgebenden Hilfen, um Taktverlust, Auf-die-Vorhand-Kommen oder Anzackeln zu vermeiden. Drückt ein Pferd beim Antraben zu sehr auf die Hand bei zu geringem Treiben durch den Reiter, wird die Lektion „Antraben“ vorhanwdlastig aussehen. Hier hilft vermehrtes „an die Hand herantreiben“ bei etwas länger durchhaltenden Zügelhilfen. Anders ist es bei Pferden, die hinter den Zügel und Schenkel kommen und dadurch zum Zackeln vor dem Antraben neigen. Auch hier ist vermehrtes Treiben

notwendig, jedoch in Verbindung mit leichteren Zügelhilfen und mehr Halsdehnung.

ZIEL DER LEKTION Das Antraben dient logischerweise erstens dazu, vom Halten oder aus dem Schritt in die Gangart Trab zu gelangen. Aber es kann mehr, vor allem, wenn es aus dem Halten in den Trab führt. Dann nämlich muss der Impuls aus der Hinterhandmuskulatur viel stärker sein, als beim bloßen Anreiten aus dem Schritt. Die damit verbundene größere Kraftübertragung über den Rücken zum Pferdemaul hin bedingt eine bessere Dehnung an die Reiterhand heran. Halten–Antraben ist deshalb, vor allem im häufigen Wechsel geritten, eine sehr gute Lektion zur Verbesserung der Anlehnung, zur Stärkung der Hinterhandmuskulatur, zur Förderung der Schubkraft und später zum Aufbau der Tragkraft.

BESONDERHEIT Grundlagenübung; schult Koordination und in nicht geringem Maß auch Kraft.

SKALA-FAKTOR Takt*, Losgelassenheit**, Anlehnung***, Schwung**, Geraderichtung*, Versammlung**.

In der Arbeitspirouette lernt das Pferd, vermehrt Last aufzunehmen.

ARBEITSPIROUETTE

Auf die Galopp-Pirouette vorbereitende Übung, bei der das Pferd von einer gebogenen Linie kommend mit der Vorhand eine Wendung um die Hinterhand herumspringt, dabei aber mit der Hinterhand auf einem größeren Kreisbogen bleibt.

SO SOLL ES AUSSEHEN In einer Arbeitspirouette soll das Pferd auf einer gebogenen Linie im klaren Dreitakt des Galopps schwungvoll weiterspringen, dabei innen gestellt und um den inneren Reiterschenkel gebogen bei vermehrter Hankenbeugung mit der Hinterhand mehr Last aufnehmen. Die Hinterhand bleibt dabei auf einer vom Reiter vorgegebenen gebogenen Linie, statt – wie in der ⇢ Pirouette – auf kleinstem Raum einen Kreis zu beschreiben.

Voraussetzung und Vorbereitung für die ersten Arbeitspirouetten ist ein gefestigter versammelter Galopp, der bereits für zwei, drei Sprünge extrem zurückgenommen werden, also beinahe „auf der Stelle“ ohne Takt- und Schwungverlust abgefragt werden kann.

DIE HÄUFIGSTEN FEHLER Gegen den inneren Schenkel; wenig Lastaufnahme; nicht genügend gesetzt; zu frei im Tempo; hinten gleichzeitig; Taktverlust; Schwungverlust; über die äußere Schulter ausweichend; mit herausschwingender Hinterhand; gegen die Hand; eng im Hals.

RICHTIGE HILFEN, FEHLER VERMEIDEN Arbeitspirouetten werden meist aus dem ⇢ „Zirkel verkleinern“ heraus entwickelt. Aber auch andere Linienführungen sind möglich (⇢ Kehrtvolte, von der Viertellinie Richtung Bande u.Ä.). Das „Zirkel verkleinern“ eignet sich, da sich hierbei das Pferd bereits vermehrt setzen muss. Hilfreich ist es, abwechselnd traversartig zu verkleinern und schulterhereinartig zu vergößern. Auf diese Weise erlangt der Reiter Kontrolle sowohl über die Hinterhand als auch über die Schulter des Pferdes – was Voraussetzung für das Gelingen von Arbeitspirouette und späterer ⇢ Pirouette ist. Zum traversartigen Verkleinern wird das Pferd zunächst über halbe Paraden ein wenig mehr „geschlossen“. Der Reiter verlagert sein Gewicht verstärkt auf den inneren Gesäßknochen, was das Pferd dazu bringt, mit dem inneren Hinterbein wieder unter den auf diese Weise verlagerten Schwerpunkt zu gelangen. Der innere Schenkel bleibt am Gurt liegen und aktiviert das innere Hinterbein zum Weiterspringen, der äußere liegt verwahrend hinterm Gurt und biegt das Pferd um den inneren Schenkel. Mit dem inneren, zuvor etwas nachgefassten Zügel wird Stellung gegeben und etwas seitlich geführt, der äußere Zügel gibt gerade so weit nach, dass Stellung möglich ist. Innerer Schenkel und äußerer Zügel halten das Pferd auf der gewünschen Linie. Soll der Travers-Zirkel wieder aufgelöst und schulterhereinartig vergrößert werden, muss der innere Schenkel etwas hinter den Gurt gelegt werden und dort vorwärts-seitwärts treiben, um die Hinterhand nach außen und die

Vorhand nach innen zu bekommen. Dieser Wechsel zwischen Travers und Schulterherein sollte geschmeidig funktionieren, bevor die alleinige Arbeitspirouette (traversartiges Verkleinern) geübt wird. Geht der Dreitakt des Galopps verloren, muss zunächst wieder vorwärts aus der Verkleinerung herausgeritten und neuer Schwung geholt werden.

ZIEL DER LEKTION Arbeitspirouetten sind Vorübungen zu den später verlangten Galopp-Pirouetten. Durch sie lassen sich nach und nach vermehrte Lastaufnahme (Kraft) und Koordination schulen. Der Galoppsprung verbessert sich, die Geraderichtung wird gefördert.

BESONDERHEIT Versammelnde Übung für die Arbeitsphase, für fortgeschrittene Reiter und Pferde; schult Koordination und Tragkraft.

SKALA-FAKTOR Takt**, Losgelassenheit*, Anlehnung*, Schwung**, Geraderichtung**, Versammlung***.

ARBEITSGALOPP

Gangmaß im Galopp, bei der die Hinterhufe des Pferdes leicht über die Spur der Vorderhufe fußen.

SO SOLL ES AUSSEHEN Der Arbeitsgalopp soll frisch nach vorne geritten werden mit leichter Aufwärtstendenz und in klarem Dreitakt. Dabei muss das Pferd, wie in allen Lektionen, sicher durchs Genick an den Hilfen stehen und möglichst gerade gerichtet sein.

DIE HÄUFIGSTEN FEHLER Tempo zu matt; kein klarer Dreitakt; auf der Vorhand (bergab); mit nickendem Genick; eng im Hals; nicht durchs Genick (Hals gerade nach vorn gestreckt); über dem Zügel; auf zwei Hufschlägen.

RICHTIGE HILFEN, FEHLER VERMEIDEN Im Arbeitsgalopp hat der Reiter, wie in allen übrigen Galopptempi auch, sein Pferd leicht nach innen gestellt, dabei den äußeren Schenkel eine Hand breit verwah-

rend hinter dem Gurt, während der innere Schenkel am Gurt treibt. Dadurch wird das innere Hinterbein zum vermehrten Vorspringen angeregt, was sich wiederum positiv auf die Aufwölbung des Rü-ckens und damit auf das „durchs Genick" springen auswirkt.
Während des Galoppierens soll der Reiter geschmeidig der Bewegung des Pferdes folgen, dabei den Sattel im Rhythmus des Galopps ein wenig mit dem Gesäß „durchwischen" und sich dabei vorstellen, mit der Hüfte durch die Hände zu wollen.
Um die Frische eines Arbeitsgalopps zu erhalten, ist das Reiten von Tempounterschieden im Galopp sehr hilfreich. Zulegen, einfangen und wieder zulegen veranlasst das Pferd immer wieder erneut, seine Hinterhand abwechselnd lastaufnehmend zu beugen bzw. schubentwickelnd zu strecken. Die Muskelkraft, die sich dadurch mit der Zeit aufbaut, kommt auch dem Ausdruck des Arbeitsgalopps zugute. Selbst Pferde, die sich durch falsches Reiten das Latschen angewöhnt haben, lassen sich damit wieder aktivieren.

ZIEL DER LEKTION Über den Arbeitsgalopp lässt sich immer wieder der Fleiß eines Pferdes herstellen. Zu langes Reiten in den versammelten Tempi kann zu einem klemmenden Reiterbein und einem ebenfalls klemmenden Pferderücken führen und bei Pferden, deren Versammslungsgrad noch nicht so ausdrucksvoll ausgeprägt ist, Ermüdung und darüber auch Faulheit verursachen. Ein immer wieder eingeschobenes frisches Arbeitstempo verhindert dies.

BESONDERHEIT Grundlagenübung; verlangt in A- und L-Dressuren sowie in Dressurpferde-A und -L; lösendes Tempo; Abkürzung im Protokoll: AG.

SKALA-FAKTOR Takt**, Losgelassenheit***, Anlehnung***, Schwung***, Geraderichtung**, Versammlung.

Das Reiten von Tempounterschieden fördert die Frische des Arbeitsgalopps.

ARBEITSTEMPO

Ein im Schritt, Trab oder Galopp zu absolvierendes Gangmaß, bei dem die Hinterhufe des Pferdes in bzw. leicht über die Spur der Vorderhufe fußen.

SO SOLL ES AUSSEHEN Egal in welcher Gangart das Arbeitstempo verlangt wird, es soll frisch, fleißig und vor allem taktrein sein. Es ist, genau wie das versammelte, das mittlere oder das starke Tempo, ein Gangmaß. Auf den ersten Blick scheinen die Gangmaße etwas mit Geschwindigkeit zu tun zu haben, das Arbeitstempo stellt dabei quasi die mittlere Geschwindigkeit dar. Allerdings stimmt das nur bedingt. Das Pferd soll vom versammelten über das Arbeits- bis hin zum starken Tempo nicht schneller werden, sondern lediglich seine Schritte (im Schritt), Tritte (im Trab) und Sprünge (im Galopp) verlängern. Schneller zurückgelegt wird dadurch lediglich die Strecke zwischen zwei Punkten, das heißt, das Reiten im versammelten Tempo zwischen zum Beispiel A und C dauert eben länger als das Reiten der gleichen Strecke im starken Tempo. Das Verlängern der Schritte, Tritte und Sprünge verlangt eine Verlagerung der Tragkraft aus der Hinterhand hin zu vermehrter Schubkraft. Im Arbeitstempo halten sich Trag- und Schubkraft beinahe die Waage. Es ist deshalb auch ein Tempo, das sich für jüngere Pferde oder für weniger ausgebildete Pferde eignet und wird aus diesem Grunde in Dressurpferdeprüfungen der Klasse A und L sowie E- und A-Dressuren verlangt.

DIE HÄUFIGSTEN FEHLER Zu matt; zu eilig; ungleich im Tempo; auf der Vorhand.

RICHTIGE HILFEN, FEHLER VERMEIDEN Um ein angemessenes Arbeitstempo zu reiten, muss der Reiter eigentlich nur das natürliche Grundtempo des Pferdes erfühlen und unter dem Sattel abrufbar machen. Denkt er dabei selbst immer an Fleiß und Frische, ist das Arbeitstempo meistens schon in Ordnung. Nun gibt es aber auch Pferde, die von Natur aus oder durch falsche, in diesem Fall bremsende Reiterhilfen anfangen, zu „schlurfen“. Statt energisch und federnd die Beine zu heben, ziehen sie ihre Hufe matt und müde durch den Sand. Motto: Nur nicht überarbeiten. Hier muss der Reiter durch vermehrtes Treiben reagieren und mit den Waden kurze Vorwärtsimpulse setzen. Nur so kann er den nächsten Fehler, das auf die Vorhand-Kommen, verhindern. Ein Pferd, das matt daher schlurft, ist nicht in der Lage, sich mit schwingendem Rücken vorwärts zu bewegen. Dies aber ist eine Voraussetzung dafür, dass es an die Hand des Reiters herantritt und die notwendige Anlehnung erlangt, was wiederum Voraussetzung für das Gelingen anderer Lektionen und die gesamte körperliche Weiterentwicklung ist.

ZIEL DER LEKTION Das Arbeitstempo kommt dem natürlichen Grundtempo eines Pferdes in seinen drei Grundgangarten am nächsten und stellt deshalb zunächst einmal für ein Pferd die geringste Arbeit dar. Aus diesem Grund eignet es sich vor allem für die Lösungsarbeit, für junge Pferde und auch für Pferde, deren Reiter die Hilfengebung zur vermehrten Lastaufnahme über die Hinterhand, also die Versammlung, selbst noch nicht richtig beherrschen. Das Reiten des Arbeitstempos fördert darüber hinaus die Losgelassenheit eines Pferdes und die natürliche Frische seiner Bewegungen und sollte deshalb immer wieder in die Arbeit auch höher ausgebildeter Pferde eingebaut werden.

Weit durchgesprungener Arbeitsgalopp

BESONDERHEIT Grundlagenübung; verlangt in A- und L-Dressuren sowie in Dressurpferde-A und -L; lösendes Tempo; schult Ausdauer und in gewissem Maße auch Schubkraft.

SKALA-FAKTOR Takt**, Losgelassenheit***, Anlehnung***, Schwung***, Geraderichtung**, Versammlung.

ARBEITSTRAB

Gangmaß im Trab, bei der die Hinterhufe des Pferdes leicht über die Spur der Vorderhufe fußen.

SO SOLL ES AUSSEHEN Der Arbeitstrab soll frisch, taktsicher und forsch nach vorn geritten werden und dabei in der Tendenz bergauf sein. Außerdem soll das Pferd wie in allen Lektionen sicher und gleichmäßig in der Anlehnung stehen und auf kleinste Reiterhilfen reagieren.

DIE HÄUFIGSTEN FEHLER Zu matt; zu eilig; ungleich im Tempo; auf der Vorhand; nicht sicher an den Hilfen.

RICHTIGE HILFEN, FEHLER VERMEIDEN Um einen gleichmäßigen und frischen Arbeitstrab reiten zu können, muss der Rücken des Pferdes mitschwingen. Um dies zu erreichen, muss der Reiter bereits sehr ausbalanciert auf dem Pferderücken sitzen und das Zusammenspiel zwischen Schenkel-Kreuz-Hand fein dosieren können. Nur wenn dies gelingt, gelingt auch ein ausdrucksvoller Arbeitstrab. Während beide Schenkel bei senkrechtem Sitz gleichzeitig nach vorn treiben, wird mit leichter, zunächst beidseits durchhaltender Hand der natürliche Schwung abgefangen, um dann durch beidseitiges (geringes) Nachgeben wieder nach vorn herausgelassen zu werden. Durch das Treiben werden die Hinterbeine des Pferdes zum Durchschwingen aufgefordert, durch das gleichzeitige Abfangen die Vorhand daran gehindert, nach unten „abzustürzen“. Wenn dann noch im richtigen Moment nachgegeben wird, kann sich die Bewegung nach vorwärts-aufwärts entfalten – der Arbeitstrab gewinnt an Ausdruck. Nachgeben heißt dabei nicht „wegschmeißen“. Viele Reiter machen den

Fehler und geben die Zügel immer wieder plötzlich so weit vor, dass das Pferd unsicher in der Anlehnung wird. Nachgeben heißt dagegen eigentlich nur, Faust und Unterarm zu entspannen, also quasi atmen zu lassen. Diese wenigen Millimeter bis Zentimeter reichen bereits, dem Pferd die notwendige Dehnung zu erlauben. Großzügigeres Nachgeben nennt man ⇢ Überstreichen.

Abeitstrab zu Beginn (links) und am Ende (rechts) der Lösephase. Deutlich zu erkennen: Der Trab wird ausdrucksvoller.

ZIEL DER LEKTION Zum einen ist der Arbeitstrab das Tempo, in dem ein Pferd in der Lösephase geritten wird, da er als sehr natürliches Grundtempo mit relativ wenig zusätzlicher Muskelarbeit geleistet werden kann. Zum anderen bietet er während der Arbeitsphase die Möglichkeit, den natürlichen Schwung eines Pferdes abzurufen bzw. wieder herzustellen. Dies gilt vor allem für Pferde, die bereits viel in der Versammlung gearbeitet werden. Das zwischenzeitlich immer wieder Fordern des Arbeitstrabes verhindert, dass der Reiter bei allen Versammlungsbemühungen nur noch langsam statt kadenziert reitet. Der häufige Wechsel dagegen zwischen Arbeitstrab und Versammlung bringt das Pferd immer wieder dazu, vermehrt mit Hinterhand und Rücken zu arbeiten und somit mehr Kraft zu entwickeln. Kraft, die jeder Lektion zugute kommt und später auch bei länger andauernden und extremeren Versammlungen (z.B. ⇢ Piaffe) wichtig ist.

BESONDERHEIT Grundlagenübung; verlangt in A- und L-Dressuren sowie in Dressurpferde-A und -L; lösendes Tempo; Abkürzung im Protokoll: AT.

SKALA-FAKTOR Takt**, Losgelassenheit***, Anlehnung***, Schwung***, Geraderichtung**, Versammlung.

AUS DEM ZIRKEL WECHSELN

Der Wechsel von einem ⇢ Zirkel in den gegenüberliegenden über den Mittelpunkt der Bahn.

SO SOLL ES AUSSEHEN Erklingt das Kommando „Aus dem Zirkel wechseln“, muss der Reiter seinen bisherigen in Längsbiegung gerittenen Zirkel bis X fortsetzen. Über X – das Pferd befindet sich dort genau parallel zwischen der Mitte der beiden kurzen Seiten – wird umgestellt und der neue Zirkel in neuer Längsbiegung begonnen. Für den Vorgang des Umstellens ist das Pferd für die Dauer etwa einer Pferdelänge gerade gerichtet. Der Übergang von einem in den anderen Zirkel soll geschmeidig und zwanglos geschehen.
Das „Aus dem Zirkel wechseln“ kann in allen drei Grundgangarten verlangt werden. X als Punkt der Umstellung ist auch Punkt des Umsitzens im ⇢ Leichttraben bzw. des ⇢ Wechsels (fliegend oder einfach) im Galopp.
Wird im „neuen“ Zirkel ⇢ Außengalopp verlangt, bleiben die bisherige Stellung und Biegung erhalten.

DIE HÄUFIGSTEN FEHLER Zirkellinie nicht eingehalten; nicht über X geritten; nicht sauber umgestellt; nur „schräg“ geritten; bei Umstellung gegen die Hand.

RICHTIGE HILFEN, FEHLER VERMEIDEN Um ein korrektes „Aus dem Zirkel wechseln“ zu reiten, ist es hilfreich, wenn sich der Reiter die Linienführung der ⇢ Zirkel zunächst in Gedanken vorstellt. Gelingt ihm das, ist auch der Wechsel von einem in den anderen Zirkel kein Problem. Kurz vor dem Bahnmittelpunkt X angekommen, wird der neue innere Zügel ein wenig verkürzt und das Pferd gleichzeitig in einer geschmeidigen, vorsichtigen Bewegung in die neue Richtung gestellt. Im selben Moment gleitet der bisher äußere Schenkel nach vorn an den Gurt zurück und wird nun zum inneren, der bisher innere Schenkel wird leicht verwahrend hinter den Gurt gelegt.
Mit der Wendung des Pferdes von dem einen Zirkel in den anderen muss sich auch der Oberkörper des Reiters etwas mitbewegen und

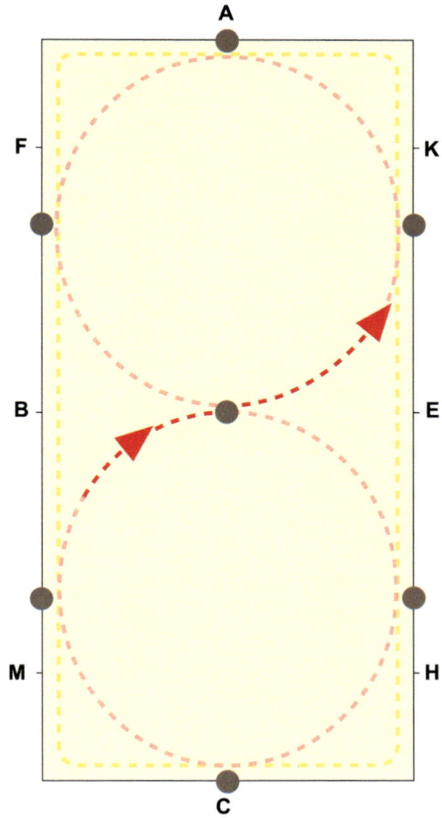

zwar so, dass sich seine Schulter immer parallel zu den Ohren des Pferdes befindet. Gleich nach Beginn des neuen Zirkels muss wieder der nächste Zirkelpunkt anvisiert werden.

ZIEL DER LEKTION Durch das „Aus dem Zirkel wechseln" lässt sich zunächst einmal ganz einfach die Richtung, sprich die Hand, wechseln. Natürlich ist dies nicht der einzige Vorteil dieser Lektion. Sie bietet darüber hinaus eine gute Möglichkeit, das Pferd auf einer großen gebogenen Linie zu gymnastizieren und dabei an den äußeren Zügel heranzureiten. Durch den Wechsel von einem Zirkel in den anderen (und vielleicht auch wieder zurück) geschieht diese Gymnastizierung gleichmäßig auf beiden Händen und damit für beide Körperhälften des Pferdes. Da die Zirkel sich auf recht großzügigen Linien abspielen und noch nicht viel Tragkraft voraussetzen, eignet sich diese Lektion bereits auch für junge Pferde. In Prüfungen gibt sie Auskunft über Koordination und Hilfengebung des Reiters sowie über die Geraderichtung bzw. die beidseitige Geschmeidigkeit des Pferdes.

Beim „Aus dem Zirkel wechseln" wird bei X im Bahnmittelpunkt geschmeidig umgestellt.

BESONDERHEIT Grundlagenübung; lösende Übung; schult laterale (seitliche) Beweglichkeit; fördert das Herantreten an den äußeren Zügel.

SKALA-FAKTOR Takt*, Losgelassenheit***, Anlehnung***, Schwung**, Geraderichtung**, Versammlung.

AUS DER ECKE KEHRT

Ein in der jeweils zweiten Ecke einer langen Seite geritte-ner tropfenförmiger Kreisbogen von sechs, acht oder zehn Meter Durchmesser mit Richtungswechsel.

SO SOLL ES AUSSEHEN Das „Aus der Ecke kehrt" ist eine am Ende der langen Seite in der Ecke gerittene ⇢ Kehrtvolte. Sie besteht im ersten Teil aus einer ⇢ Volte, die dann aber durch gerades Zurückreiten zum Hufschlag aufgelöst wird und somit zur Richtungsänderung führt. Dabei soll das Pferd wie in der herkömmlichen Volte zunächst auf einem gleichmäßigen Kreisbogen gestellt und gebogen um den inneren Schenkel herum gehen, wobei sein Genick höchster Punkt ist und seine Ohren auf gleicher Höhe bleiben. Genau ab Hälfte der einleitenden Volte richtet der Reiter sein Pferd gerade und reitet etwa in einem 45-Grad-Winkel schnurgerade zu dem Hufschlag, den er zuvor verlassen hat, zurück. Der Durchmesser der Kehrtvolte ist variierbar (6, 8 oder 10 m), in Dressuraufgaben aber genau vorgeschrieben .

DIE HÄUFIGSTEN FEHLER Zu groß; zu klein; herumgezogen; traversartig zum Hufschlag zurück; eng im Hals; verworfen im Genick.

RICHTIGE HILFEN, FEHLER VERMEIDEN Das „Aus der Ecke kehrt" wird zunächst eingeleitet wie ein einfaches ⇢ Abwenden, das heißt: Beim Erreichen der Ecke stellt der Reiter sein Pferd ein wenig nach innen und gibt dabei gleichzeitig eine halbe Parade, um es aufmerksam zu machen. Der innere Reiterschenkel treibt am Gurt (das innere Hinterbein) nach vorne, der äußere liegt leicht verwahrend zurück und hält so die Hinterhand unter Kontrolle und bringt das Pferd dazu, sich der Länge nach um den inneren Reiterschenkel zu biegen. Nach Durchreiten der Ecke, die letztlich eine Viertelvolte darstellt, bleiben diese Hilfen bestehen, so dass das Pferd weiter wendet, sich also in das nächste Viertel einer Volte bewegt. Hat das Pferd die Stellung angenommen, gibt die innere Hand weich vor, während der äußere Zügel gerade so viel dran bleibt, dass er für die Pferdeschul-

Zügelmaß

Ganz egal welche Lektion geritten wird: Das Zügelmaß, also die Länge der Zügel, muss immer wieder individuell an die entsprechende Lektion angepasst werden. Dies geschieht so unauffällig und unsichtbar wie möglich. Der Zügel hat die richtige Länge, wenn der Reiter – bei leichter Anlehnung – seine Hände etwa eine Handbreit über der Kammer des Sattels frei aufgerichtet bei leicht angewinkelten Unterarmen tragen kann und auch bei Übergängen bzw. Wendungen seine Oberarme nicht hinter seinen Oberkörper geraten. Je versammelter eine Lektion/ein Pferd, desto kürzer die Zügel.

ter eine äußere Begrenzung darstellt, und gerade so wenig, dass er dem Pferd die Dehnung der äußeren Halsmuskulatur erlaubt und so ein Verwerfen verhindert wird. Diese Stellung und Biegung wird bis zum Ende der halben Volte beibehalten. Pferd und Reiter schauen in diesem Moment in Richtung der gegenüberliegenden kurzen Seite. Statt nun weiterhin zu wenden, wird der innere Zügel weiter vorgegeben, während beide Schenkel wieder in die Ausgangslage zurückkehren und gleichmäßig nach vorne treiben, so dass das Pferd nun gerade gerichtet ohne Stellung und Biegung in diagonaler Linie zum Hufschlag zurückkehrt. Um nun nicht durch die Wand zu reiten, muss kurz vor Erreichen des Hufschlags noch einmal eine leichte Wendung geritten werden, so dass das Pferd dann wieder parallel zur Bande auskommt. Die Übung ist erst beendet, wenn man sich in Gegenrichtung wieder gerade auf dem Hufschlag befindet.

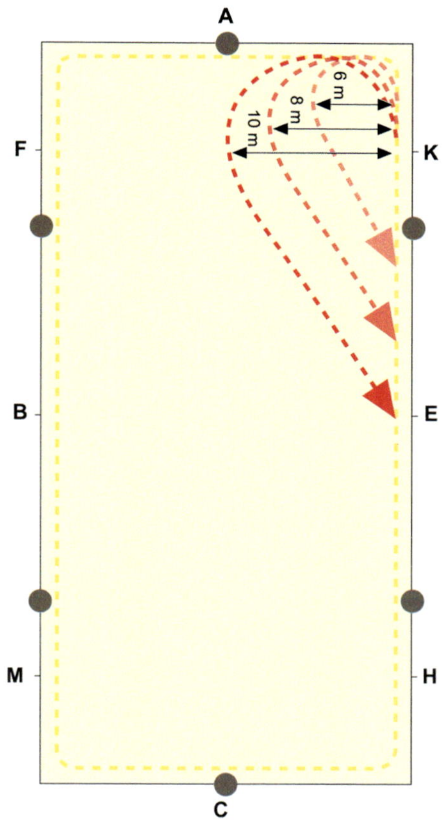

Kehrtvolten führen auf gerader Linie zum Hufschlag zurück.

Vor allem im Galopp kommt es bei dieser Übung leicht zu Fehlern, da zum einen beim Abwenden der Bogen oft zu groß wird, zum anderen das Risiko des Traversierens beim Zurückreiten zum Hufschlag gegeben ist. Beide Schwierigkeiten basieren – wie so oft – auf fehlerhafter Einwirkung des Reiters. Wird die Wendung zu groß, waren meist zu viel innerer Zügel und zu wenig äußerer Zügel und Schenkel im Spiel. Traversiert das Pferd zurück zum Hufschlag, liegt das häufig ebenfalls an einem zu stark vorherrschenden inneren Zügel, diesmal aber in Verbindung mit einem seitwärts treibenden äußeren Schenkel. In beiden Fällen hilft es im Training, das Pferd vorübergehend (ein, zwei Galoppsprünge) in Konterstellung zu reiten, um ein Gefühl dafür zu bekommen, wie es sich beim Wenden unter dem Reiter anfühlt.

ZIEL DER LEKTION „Aus der Ecke kehrt" dient natürlich zunächst einmal dem Richtungswechsel. Es ist aber auch eine gute Überprüfung des Gerittenseins des Pferdes und der korrekten Hilfengebung des Reiters. Außerdem hat es, wie jede Wendung, einen äußerst gymnastizierenden Effekt und stärkt durch das vermehrte Lastaufnehmen des inneren Hinterbeins in der Wendung die Hinterhand. Durch die Auflösung nach der Hälfte hin in die Geraderichtung ist es etwas weniger kraftraubend, stellt aber höhere Anforderungen an die Koordination von Pferd und Reiter und gibt deshalb auch dem Ausbilder und Richter recht gute Hinweise auf die Korrektheit (oder Unkorrektheit) der Arbeit.

BESONDERHEIT Schwierigkeitsgrad abhängig von der Größe (je größer, desto einfacher); bis hin zum mittleren (Arbeits-)Tempo in allen drei Grundgangarten zu reiten; schult Kraft und Beweglichkeit.

SKALA-FAKTOR Takt**, Losgelassenheit**, Anlehnung**, Schwung**, Geraderichtung**, Versammlung*.

AUSSENGALOPP

Der Galopp, bei dem das Pferd entgegen der Bewegungsrichtung zur Bande bzw. Außenseite des Vierecks gestellt und gebogen ist.

SO SOLL ES AUSSEHEN Der Außengalopp wird ab L-Dressur verlangt. Grundlage für diese Lektion ist eine bereits ausbalancierte Galoppade, die ein Mindestmaß an Versammlung ermöglicht. Im Außengalopp soll das Pferd – genau wie im → Handgalopp – im klaren Dreitakt innen gestellt sein. Es bewegt sich dabei aber entgegen der Bewegungsrichtung, das heißt, es ist auf der linken Hand im Rechtsgalopp und umgekehrt. Da sich die Begriffe „innen" und „außen" nach der Stellung und Biegung eines Pferdes richten und nicht nach dem Dressurviereck, spricht man im Außengalopp also nach wie vor von „Innenstellung“ – auch wenn dies in diesem Fall nicht mit der Innenseite des Vierecks übereinstimmt. Beim Durchreiten von Ecken und anderen gebogenen Linien im Außengalopp muss das Pferd Stellung und Biegung gleich bleibend beibehalten und weiterhin im klaren Dreitakt mit Bergauftendenz gerade spurend und ausbalanciert unter seinen Schwerpunkt springen.

DIE HÄUFIGSTEN FEHLER Zu frei; wenig versammelt; Taktverlust (kein klarer Dreitakt, Vierschlaggalopp); umgesprungen; ausgefallen; Hinterhand schleudert in den Ecken heraus; traversartig; kaum/falsch gestellt; wenig ausbalanciert; auf der Vorhand; eng im Hals; hinter der Senkrechten; gegen die Hand; schaukelnde Bewegung; starke Nickbewegung im Hals; hohe Kruppe.

RICHTIGE HILFEN, FEHLER VERMEIDEN Im Außengalopp werden die gleichen Hilfen gegeben wie im ⇢ Handgalopp – mit dem einzigen Unterschied, dass das Pferd eben nicht zur Bahnmitte, sondern zur Bande gestellt ist. Eine korrekte Galopp-Hilfengebung und eine sichere Versammlung sind vor allem auf den gebogenen Linien wie den Ecken oder dem Außengalopp-Zirkel wichtig. Sie helfen dem Pferd, die Balance zu halten.
Je weniger ausbalanciert ein Pferd ist, desto schwieriger gelingt der Außengalopp, desto eher neigt das Pferd zum Umspringen oder Ausfallen. Bei jüngeren Pferden können deshalb zu Anfang die Hilfen verstärkt gegeben werden, das heißt: verwahrender Schenkel weiter zurück, innerer Gesäßknochen stärker belastet und Stellung etwas mehr als normal. Auch das vorübergehende Abkürzen der Ecken kann dem unerfahrenen Pferd (und auch dem unerfahrenen Reiter) den Außengalopp erleichtern. Neigt ein Pferd dazu, im Außengalopp mit der Hinterhand auszuweichen und sich auf den äußeren Zügel (also den zur Bahnmitte) zu legen, hilft es meist, ein paar Sprünge Außengalopp in Konterstellung, das heißt Richtung Bahnmitte gestellt, zu reiten.

Je ausbalancierter der Galopp, desto sicherer gelingt auch der Außengalopp.

ZIEL DER LEKTION Als Überprüfung von Versammlungsgrad und Balance wird der Außengalopp ab Klasse L gefordert. Darüber hinaus fördert das Reiten von Außengalopp gleichzeitig auch die Versammlung, da das Pferd auf gebogenen Linien (Ecken, Zirkel) mehr Last aufnehmen muss, um nicht aus dem Gleichgewicht zu kommen. Der Einbau von Außengalopp in die Arbeit ist also mehr als nur eine Übung für die nächste L-Dressur, er kann auch Tragkraft, Balance, Durchsprung, Erhabenheit und Geraderichtung (hier vor allem in Zusammenhang mit Konterstellung) im Galopp fördern.

BESONDERHEIT Verlangt ab L-Dressur; versammelnde Übung; schult Tragkraft.

SKALA-FAKTOR Takt*, Losgelassenheit*, Anlehnung**, Schwung**, Geraderichtung**, Versammlung***.

AUSSITZEN

Das stete Sitzenbleiben des Reiters im Trab.

SO SOLL ES AUSSEHEN Das Aussitzen soll wie der gesamte Reitersitz ausbalanciert sein, das heißt, der Reiter passt sich geschmeidig der Bewegung des Pferdes an, ohne es durch aufwändiges Schaukeln oder Mitgehen zu stören. Der Oberkörper des Reiters bleibt im Dressursitz senkrecht, seine Beine liegen etwas gewinkelt mit leichter Muskelspannung locker am Rumpf des Pferdes, wobei Absatz, Hüfte und Schulter des Reiters eine Senkrechte bilden. Die Oberarme hängen entspannt herunter, die Unterarme sind soweit angewinkelt, dass über Hände und Zügel bis zum Pferdemaul eine gerade Linie verläuft. Je nach Versammlungsgrad des Pferdes bilden Unterarm und Oberarm des Reiters mal einen größeren Winkel, mal einen kleineren, wobei 90 Grad nie unterschritten werden sollten.

DIE HÄUFIGSTEN FEHLER Vor der Senkrechten; in Rücklage; mit unruhigen Unterschenkeln; klemmende Oberschenkel; stoßend statt mitschwingend; steif in der Mittelpositur; in der Hüfte einknickend;

Hohlkreuz; Unterschenkel zu weit vor (Stuhlsitz); Unterschenkel zu weit zurück; zu lose; zu angespannt.

RICHTIGE HILFEN, FEHLER VERMEIDEN Da das Aussitzen keine Lektion, sondern eine Sitzform ist, lässt sich nicht von „Hilfen" fürs Aussitzen sprechen. Trotzdem kann man Aussitzen trainieren und verbessern. Notwendig dazu ist eine regelmäßige Sitzkorrektur durch einen Trainer und die dadurch entstehende Verinnerlichung des „richtigen" Aussitzens. Nur durch Übung wird der Reiter in die Lage versetzt, seinen Sitz unterbewusst immer wieder vor seinem inneren Auge zu hinterfragen und gegebenenfalls selbst zu korrigieren. Dazu gehört allerdings langjährige Erfahrung und viel Gefühl.

ZIEL DER LEKTION Aussitzen als Sitzform ist, ganz simpel gesehen, Grundlage des „sich auf dem Pferd Befindens" überhaupt. Aber es ist auch mehr: Richtiges Aussitzen ermöglicht erst (so wie der gesamte richtige Sitz) die korrekte und weiterführende Arbeit mit dem Pferd. Gerade beim Aussitzen wirken sich Sitzfehler oft fatal aus und lassen einen Teufelskreis entstehen. Wer falsch oder schlecht aussitzt, kann keine effektiven Hilfen mehr geben und sein Pferd nicht über den Rücken an die Hand herantreiben. Dadurch fällt das Pferd auseinander, verspannt sich in der Rückenmuskulatur und lässt seinerseits den Reiter immer schlechter sitzen – was wiederum vor allem im Trab zur Verschlechterung des Sitzes beim Aussitzen führt. Die Katze beißt sich in den Schwanz. Sitz-Unruhe beim Aussitzen ist nicht nur ein optischer Fehler, der in einer Prüfung angekreidet wird, er stößt den Richter auch geradezu mit der Nase auf Probleme beim Pferd, die vielleicht auf den ersten Blick noch gar nicht so erkennbar sind. Ein korrekt gearbeitetes Pferd lässt nämlich im Allgemeinen gut und bequem sitzen.

Dr. Britta Schöffmann auf ihrer Stute La Picolina im Aussitzen.

BESONDERHEIT Sitzform im Trab, alle Tempi möglich.

SKALA-FAKTOR Takt**, Losgelassenheit***, Anlehnung**, Schwung**, Geraderichtung*, Versammlung**.

D

VON „DOPPELTE SCHLANGENLINIE“ BIS „DURCH DIE LÄNGE DER BAHN WECHSELN“

Durch die Länge der Bahn ...

DOPPELTE SCHLANGENLINIE

Siehe ⇢ Schlangenlinien (S. 137)

DREIERWECHSEL

Siehe ⇢ Serienwechsel (S. 146)

DURCH DEN ZIRKEL WECHSELN

Der Handwechsel innerhalb eines Zirkels von der offenen zur geschlossenen Zirkelseite hin.

SO SOLL ES AUSSEHEN Die Lektion „Durch den ⇢ Zirkel wechseln" wird in einer S-förmigen Linie vom Zirkelpunkt an der offenen Zirkelseite beginnend zum Zirkelpunkt der geschlossenen Zirkelseite hin geritten. Dabei liegt die Mitte des S-Bogens auf der Mittellinie. Im Klartext heißt das: Der Reiter wendet an dem Zirkelpunkt, den er nach der kurzen Seite erreicht, ab, reitet in einem Zehn-Meter-Halbkreis Richtung Mittellinie (Blickrichtung etwa zur kurzen Seite hin), stellt dort sein Pferd um und reitet – ebenfalls wieder über einen Zehn-Meter-Halbkreis – zum Zirkelpunkt der gegenüberliegenden langen Seite. Von dort wird der Zirkel fortgeführt, nun allerdings auf der anderen Hand. Während der ganzen Lektion soll das Pfed sicher an den Hilfen bleiben und sich geschmeidig von der einen in die andere Bewegungsrichtung umstellen und biegen lassen.

DIE HÄUFIGSTEN FEHLER Am falschen Zirkelpunkt begonnen (von der geschlossenen Seite aus); schlecht eingeteilt (Bögen ungleich groß); zu flach; zu steil; Umstellung wenig geschmeidig; wenig Längsbiegung; eng werdend; auf der Vorhand; gegen die Hand.

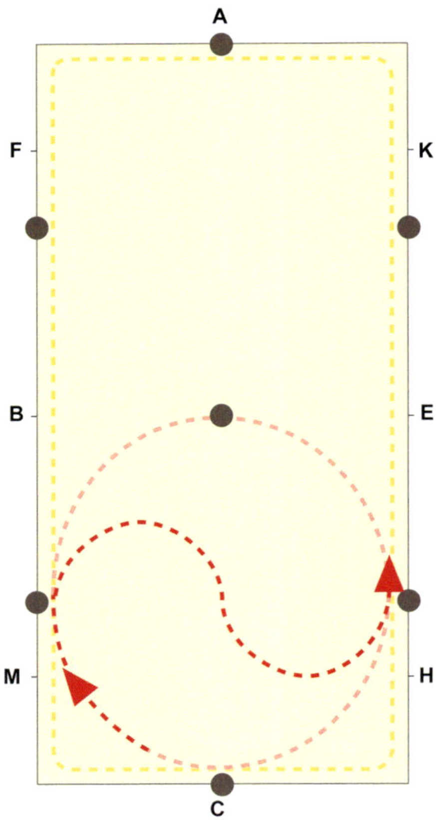

Der Wechsel „durch" den Zirkel geschieht immer von der offenen Zirkelseite aus.

RICHTIGE HILFEN, FEHLER VERMEIDEN Eigenständige Hilfen für ein gelungenes „Durch den Zirkel wechseln" gibt es eigentlich nicht. Wer die Hilfen fürs ⇢ Abwenden und für ⇢ Volten beherrscht, wird keine Schwierigkeiten haben. Kurz vor dem Zirkelpunkt wird die Innenstellung ein wenig verstärkt, um das Pferd zum Verlassen des Hufschlags zu bringen. Unterstützt wird dies durch eine vermehrte Gewichtsverlagerung auf den inneren Gesäßknochen. Dabei liegt der innere Schenkel weiterhin am Gurt, der äußere weiterhin leicht verwahrend dahinter. Der innere Schenkel aktiviert den inneren Hinterfuß des Pferdes, der äußere begrenzt zusammen mit dem äußeren, nur leicht vorgebenden Zügel Hinterhand und Schulter. Auf diese Weise wird die Wendung bis zur Mittellinie geritten, wo in einer geschmeidigen Bewegung das Pferd umgestellt und in die neue Richtung gebogen wird. (Im Galopp wird hier auch gewechselt.) Dazu wird der bisher äußere Zügel zum neuen inneren, der bisher äußere Schenkel gleitet an den Gurt, der bisher innere verwahrend hinter den Gurt. Beim Umstellen sollte bereits der Zirkelpunkt anvisiert werden, um zu gewährleisten, dass auch der zweite Bogen die gleiche Größe haben wird wie der erste.

ZIEL DER LEKTION Das „Durch den Zirkel wechseln" ist zum einen ein ziemlich simpler Richtungswechsel, zum anderen dient es der Überprüfung der reiterlichen Einwirkung. Außerdem ist es eine

Weiterführung der Lektion „Aus dem Zirkel wechseln“, da es auf kleineren Bögen geritten wird und sich damit seine gymnastizierende Wirkung verstärkt.

BESONDERHEIT Grundlagenübung; für das Ende der Lösephase und für die Arbeitsphase geeignet; reitbar in mittleren und versammelten Tempi aller drei Grundgangarten; fördert laterale Beweglichkeit.

SKALA-FAKTOR Takt*, Losgelassenheit**, Anlehnung**, Schwung*, Geraderichtung**, Versammlung*.

DURCH DIE GANZE BAHN WECHSELN

Der Wechsel von der linken auf die rechte Hand oder von der rechten auf die linke über eine Diagonale, die jeweils nach der zweiten Ecke einer kurzen Seite in die diagonal gegenüberliegende Ecke des Vierecks führt.

SO SOLL ES AUSSEHEN Die Lektion „Durch die ganze Bahn wechseln“ besteht aus zwei Einzelteilen, und zwar dem → Abwenden und dem Geradeaus-Reiten. Korrekt ausgeführt, verlässt das Pferd nach tiefem Durchqueren der Ecke nach innen gestellt und gebogen genau am Wechselpunkt den Hufschlag, um von dort aus gerade gerichtet auf kürzestem Weg die Diagonale hinter sich zu bringen. Am nächsten Wechselpunkt wird das Pferd erneut nach innen gestellt und gebogen tief in die Ecke geritten. Wird die Lektion im Leichttraben geritten, muss am zweiten Wechselpunkt umgesessen werden, im Galopp erfolgt der Wechsel ebenfalls dort.

DIE HÄUFIGSTEN FEHLER Abwenden zu früh/zu spät; nicht von Punkt zu Punkt; die Linie verlassend; Ankommen zu früh/zu spät; traversartig.

RICHTIGE HILFEN, FEHLER VERMEIDEN Am besten ist es, sich bereits einige Meter vor Beginn der Lektion auf den ersten Wechselpunkt zu konzentrieren, so dass ein punktgenaues Verlassen des Hufschlags

Punkte machen

Mit korrekt gerittenen Hufschlagfiguren lassen sich in Dressurprüfungen Punkte machen – und im Gegenzug mit entsprechender Nachlässigkeit auch Punkte verschenken…

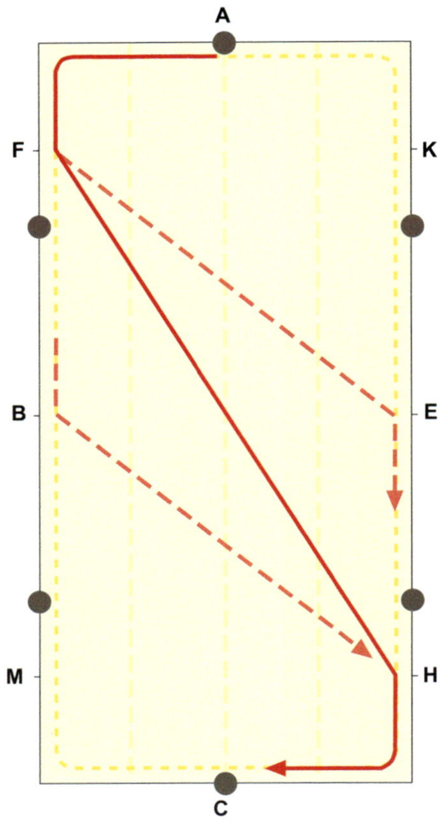

Der Wechsel kann entweder durch die ganze oder durch die halbe Bahn führen.

möglich ist. Dabei gibt der Reiter die Hilfen des ⇢ Abwendens, um sie in dem Moment wieder aufzulösen, in dem sich alle vier Beine des Pferdes auf der Diagonalen befinden. Schon während des Wendens visiert er den gegenüberliegenden Wechselpunkt an und reitet mit vorwärts treibenden Hilfen genau darauf zu. Zwischenzeitliches „Nach-unten-Schauen“ oder einseitiges Zufassen mit einem Schenkel bestraft sich meist mit einem Verlassen der geraden Linie und einem unschönen Schlenker. Passiert dies im ⇢ Mitteltrab oder im Galopp, kann es bereits die nächsten Fehler nach sich ziehen – im Mitteltrab einen Taktfehler, im Galopp ein Umspringen. Klappt dagegen das Abwenden korrekt, wird es auch einfacher, die gerade Linie zu treffen. Sobald dann die Nase des Pferdes am gegenüberliegenden Wechselpunkt ankommt, wird wieder nach innen gestellt und um den inneren Schenkel gebogen, um optimal in die nächste Ecke hineinreiten zu können.

ZIEL DER LEKTION Das „Durch die ganze Bahn wechseln“ dient zunächst einfach nur dem Richtungswechel und wird als solches bereits in einfachen Reiterwettbewerben verlangt. Hier ist es eine erste Überprüfung der reiterlichen Einwirkung.
Darüber hinaus ist es in späteren Dressuraufgaben im wahrsten Sinne des Wortes Basis für andere Lektionen, die eben auf dieser Linie weg vom Hufschlag geritten werden sollen: ⇢ Verstärkungen, ⇢ fliegende Galoppwechsel, ⇢ Serienwechsel, ⇢ Pirouetten.

BESONDERHEIT Grundlagenübung; von Reiterwettbewerb bis Grand Prix gefordert; reitbar in allen Tempi und Grundgangarten; Abkürzung im Protokoll: WL (für Wechsellinie).

SKALA-FAKTOR Takt, Losgelassenheit*, Anlehnung*, Schwung*, Geraderichtung*, Versammlung.

DURCH DIE HALBE BAHN WECHSELN

Der Wechsel von der linken auf die rechte Hand oder von der rechten auf die linke über eine Diagonale, die jeweils nach der zweiten Ecke einer kurzen Seite zur Mitte der gegenüberliegenden langen Seite führt.

SO SOLL ES AUSSEHEN Diese Hufschlagfigur wird letztlich genauso geritten, wie das ⇢„Durch die ganze Bahn wechseln“, lediglich der „Ankunftspunkt“ ist ein anderer – eben die Mitte der langen Seite (bei Bahnpunkt E oder B). Theoretisch könnte statt aus einer Ecke auch bei E oder B abgewendet und in die diagonale Ecke hineingeritten werden – auch dies wäre ein „Durch die halbe Bahn wechseln“. Als feststehendes Kommando in Dressurprüfungen kommt es aber nur in A-, L-und M-Dressuren vor.

DIE HÄUFIGSTEN FEHLER Siehe ⇢„Durch die ganze Bahn wechseln“.

RICHTIGE HILFEN, FEHLER VERMEIDEN Siehe ⇢ „Durch die ganze Bahn wechseln“.

ZIEL DER LEKTION Genau wie das „Durch die ganze Bahn wechseln“ dient das „Durch die halbe Bahn wechseln“ zunächst nur dem Richtungswechsel.
Vor allem auf L-Niveau wird darüber außerdem häufig der Außengalopp eingeleitet, da die kurze Diagonale nicht gleich in einer Ecke endet, sondern auf die Gerade der langen Seite führt – für Pferde am Anfang ihrer Ausbildung bzw. mit noch nicht ganz sicherer Versammlung einfacher, da leichter auszubalancieren.

BESONDERHEIT Grundlagenübung; von Reiterwettbewerb bis Grand Prix gefordert; reitbar in allen Tempi und Grundgangarten.

SKALA-FAKTOR Takt, Losgelassenheit*, Anlehnung*, Schwung*, Geraderichtung*, Versammlung.

DURCH DIE LÄNGE DER BAHN GERITTEN

Das Reiten über die Mittellinie ohne anschließenden Handwechsel.

SO SOLL ES AUSSEHEN Richtig ausgeführt ist diese Lektion, wenn der Reiter sein Pferd kurz vor Mitte der kurzen Seite abwendet, über eine Viertelvolte auf die Mittellinie gelangt und diese gerade Richtung Mitte der gegenüberliegenden Seite reitet. Dort angekommen wendet er ebenfalls wieder über eine Viertelvolte auf den Hufschlag, ohne dabei die Hand gewechselt zu haben. Ein von der rechten Hand begonnenes „Durch die Länge der Bahn geritten" endet also auch wieder auf der rechten Hand und umgekehrt. Während der Wendungen ist das Pferd innen gestellt und um den inneren Reiterschenkel gebogen, auf der Mittellinie dagegen vollkommen gerade gerichtet.

Beim „Durch die Länge der Bahn geritten" bleibt der Handwechsel aus.

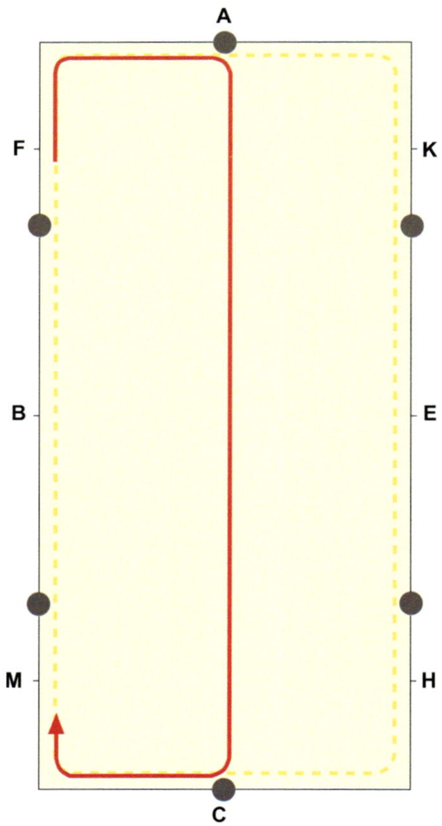

DIE HÄUFIGSTEN FEHLER Abwenden zu früh/zu spät; beim Abwenden Ausweichen über die äußere Pferdeschulter; neben der Mittellinie; Mittellinie erst spät erreicht; Mittellinie verlassen; schwankend; auf zwei Hufschlägen.

Das Reiten über die Mittellinie erfordert hohe Konzentration und ein gerade gerichtetes Pferd.

RICHTIGE HILFEN, FEHLER VERMEIDEN Gerade für das Reiten der Mittellinie – und dies ist ja der Kern der Lektion „Durch die Länge der Bahn geritten“ – ist sauberes ···> Abwenden enorm wichtig. Denn wenn schon die Wendung nicht klappt, kann auch die Mittellinie nicht optimal getroffen werden. Wer auf die Mittellinie abwenden will, muss, je nach Ausbildungsstand des Pferdes, fünf bis mindestens etwa drei Meter vor der Mitte der kurzen Seite seine Wen-

dung einleiten und dabei den Bahnpunkt (A oder C) konsequent im Auge behalten. Dieser Punkt bzw. die von dort ausgehende Mittellinie stellt die äußere Begrenzung der Wendung dar.
Kurz nach Einleitung des Abwendens sollte der Blick des Reiters bereits Richtung Mitte der gegenüberliegenden Seite gehen und sich nicht lösen, bis am Ende der Mittellinie wieder abgewendet wird. Das Fixieren des Bahnpunktes hält den Reiter besser im Gleichgewicht und vereinfacht damit das Geradehalten des Pferdes.
Um während der Wendungen ein Ausweichen über die äußere Pferdeschulter zu vermeiden, sollte sich der Reiter bemühen, nicht zu viel mit der inneren Hand einzuwirken und im geeigneten Moment mit der Hand vorzugehen.
Dabei halten der äußere Zügel und der äußere Schenkel, dosiert eingesetzt, Pferdeschulter und Hinterhand unter Kontrolle.
Sollte das Pferd trotzdem – vielleicht auf Grund seiner natürlichen Schiefe – dazu neigen, nach außen auszuweichen, hilft meist eine vorübergehende (ein, zwei Tritte bzw. Sprünge) Konterstellung, die jedoch nach und nach wieder abgestellt werden muss.

ZIEL DER LEKTION Auch die Lektion „Durch die Länge der Bahn geritten“ ist eine Hufschlagfigur, mit der sich sowohl die Einwirkung des Reiters als auch der Ausbildungsstand des Pferdes überprüfen lassen. Sich immer wiederholende Fehler wie Ausweichen über die äußere Schulter beim Abwenden oder Schwanken auf der Mittellinie weisen zum Beispiel auf fehlerhafte Einwirkung und mangelnde Geraderichtung hin.
Gelingt die Hufschlagfigur dagegen problemlos, lässt dies auf korrekte Hilfengebung und einen bereits gewissen Grad an Durchlässigkeit schließen.

BESONDERHEIT Grundlagenübung; zu reiten in allen Tempi und Grundgangarten; Abkürzung im Protokoll: ML (für Mittellinie).

SKALA-FAKTOR Takt, Losgelassenheit*, Anlehnung*, Schwung, Geraderichtung*, Versammlung.

DURCH DIE LÄNGE DER BAHN WECHSELN

Das Reiten über die Mittellinie mit anschließendem Handwechsel.

SO SOLL ES AUSSEHEN Diese Lektion soll - zumindest bis kurz vor ihrem Ende - genauso geritten werden wie das „Durch die Länge der Bahn geritten". Der einzige Unterschied besteht darin, dass am Schluss die Hand gewechselt wird, das heißt: Wurde von der linken Hand aus begonnen, wird rechts herum weitergeritten, wurde von der rechten Hand aus begonnen eben links herum.

DIE HÄUFIGSTEN FEHLER Abwenden zu früh/zu spät; Ausweichen über die äußere Pferdeschulter; neben der Mittellinie; Mittellinie erst spät erreicht; Mittellinie verlassen; schwankend; auf zwei Hufschlägen; Verreiten (Handwechsel vergessen).

RICHTIGE HILFEN, FEHLER VERMEIDEN Wie beim → „Durch die Länge der Bahn geritten".

ZIEL DER LEKTION Wie beim → „Durch die Länge der Bahn geritten".

BESONDERHEIT Grundlagenübung; zu reiten in mittleren und versammelten Tempi; auf Mittellinie auch Verstärkung möglich; Abkürzung im Protokoll: ML (für Mittellinie).

SKALA-FAKTOR Takt, Losgelassenheit*, Anlehnung*, Schwung*, Geraderichtung**, Versammlung.

Beim „Durch die Länge der Bahn wechseln" wird am Ende der Mittellinie die Hand gewechselt.

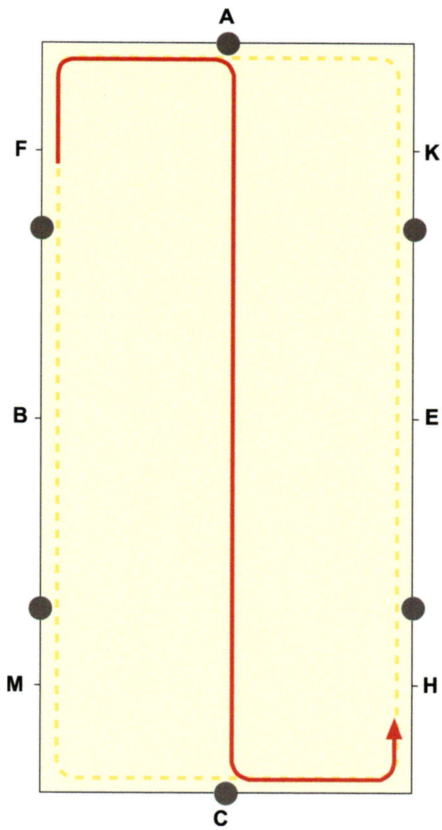

E

VON „EINERWECHSEL“ BIS „EINFACHE SCHLANGENLINIE“

Linksgalopp

EINERWECHSEL

Siehe → Serienwechsel (S. 146)

EINFACHER GALOPPWECHSEL

Wechsel des Galopps von der linken zur rechten oder der rechten zur linken Hand über den Schritt.

SO SOLL ES AUSSEHEN Ein einfacher Wechsel ist gut gelungen, wenn das Pferd aus dem klaren Dreitakt des Galopps sicher an den Hilfen stehend geschmeidig und ohne Stockung umgehend in einen klaren Schritt übergeht und nach drei bis vier Schritten spontan wieder auf Hilfe des Reiters auf der anderen Hand angaloppiert.

DIE HÄUFIGSTEN FEHLER Nicht am Punkt; auslaufend; über Trab (auch über „Tritte"); verwischt (Schritt kaum erkennbar); mit Spannung; zu wenig Schritte; zu viele Schritte; über die Vorhand; eng im Hals; gegen die Hand; Angalopp nicht spontan.

RICHTIGE HILFEN, FEHLER VERMEIDEN Zwei der Grundvoraussetzungen für das Gelingen eines einfachen Wechsels sind ein sicher an den Hilfen stehendes Pferd und eine gute Galoppade. Nur wenn beides gegeben ist, kann ein Wechsel in all seinen Einzelheiten richtig funktionieren. Als Reiter muss man sich zunächst auf den Punkt konzentrieren, an dem der Wechsel geritten werden soll. Und dieser Punkt soll dann genau in der Mitte des Wechsels liegen. Heißt es beispielsweise „Mitte der kurzen Seite einfacher Galoppwechsel", wird der Wechsel so eingeleitet, dass der Übergang zum Schritt kurz vor A bzw. C gelingt, in drei bis vier Schritten bis kurz hinter A bzw. C führt und dort dann wieder der erneute Angalopp beginnt. Zur Einleitung des einfachen Wechsels gibt der Reiter eine halbe Parade, um sein Pferd aufmerksam zu machen, der dann weitere halbe Paraden folgen. Gleichzeitig lässt er seinen äußeren Schenkel, der im Galopp ja verwahrend hinter dem Gurt liegt, nach vorn in seine Ausgangsposition gleiten. Für einen kurzen Augenblick überwiegen die durchhaltenden Zügelhilfen bei gleichzeitig gleichmäßig nach vorn treibenden Schenkelhilfen. Wenn's richtig gemacht wird, schiebt sich das Pferd ein wenig zusammen, nimmt Last auf seinen Hinterbeinen auf und kommt vom Galopp direkt in den Schritt. In diesem Moment muss der Reiter wieder schnell reagieren und den Schritt herauslassen, indem er mit beiden Händen ganz leicht vor geht und mit den Schenkeln leicht nachtreibt. Das Pferd kommt so in die Lage, sich an die Reiterhand heranzudehnen und im Schritt seinen Takt zu finden. Während der kurzen Schrittphase sollte der Reiter ruhig im Geiste mitzählen und etwa auf Drei, spätestens Vier die Hilfe zum erneuten ⇢ Angaloppieren geben. Also wieder: halbe Parade am äußeren Zügel, mit dem inneren Zügel das Pferd leicht nach innen stellen, gleichzeitg den äußeren Schenkel verwahrend hinter den Gurt legen, während der innere Schenkel am Gurt mit einem kurzen Impuls vorwärts treibend zufasst. In dem Moment, in dem das Pferd anspringen will, muss man mit dem inneren Zügel leicht vorgehen, um den Galoppsprung herauszulassen.

ZIEL DER LEKTION Einfache Galoppwechsel sind natürlich zum einen erst einmal die Möglichkeit, von der einen Hand im Galopp auf die andere zu gelangen, ohne ⇢ fliegende Wechsel machen zu müssen. Zum anderen aber sind sie – korrekt geritten – eine unglaublich gute Lektion zur Gymnastizierung eines Pferdes und damit zur Verbesserung der Durchlässigkeit, vor allem, wenn man häufiger mehrere hintereinander reitet. Durch das Zusammenwirken der verschiedenen Hilfen, durch den Wechsel von Aufnehmen und Zureiten, der durch das Durchparieren und wieder Angaloppieren entsteht, wird das Pferd vermehrt von hinten nach vorn an die Hand herangetrieben und muss seine Hinterbeine ein wenig stärker winkeln. Gleichzeitig werden durch den häufigen Wechsel von links nach rechts und rechts nach links die Muskelpartien auf beiden

Körperseiten des Pferdes abwechselnd leicht verkürzt und gedehnt – was wiederum die Geraderichtung fördert. Einfache Galoppwechsel können folglich gar nicht oft genug geritten werden – am Ende der Lösephase und während der Arbeitsphase zur Vorbereitung auf die Versammlung und zur Verbesserung der Versammlung, zum Muskelaufbau der Hinterhand und dadurch eben zur Verbesserung der Durchlässigkeit.

BESONDERHEIT Weiterführende Übung; für das Ende der Lösephase und für die Arbeitsphase geeignet; reitbar aus dem Arbeits- und dem versammelten Galopp; schult Koordination und Tragkraft; Abkürzung im Protokoll: EW (einfacher Wechsel).

SKALA-FAKTOR Takt**, Losgelassenheit**, Anlehnung***, Schwung**, Geraderichtung***, Versammlung***.

Von der einen Hand im Galopp kommend (hier Linksgalopp) führt der einfache Wechsel über den Schritt in den anderen Galopp (hier Rechtsgalopp).

EINFACHE SCHLANGENLINIE

Siehe → Schlangenlinien (S. 137)

F

FLIEGENDER GALOPPWECHSEL

Der Moment des Wechsels

FLIEGENDER GALOPPWECHSEL

Wechsel des Galopps von der linken zur rechten oder der rechten zur linken Hand am höchsten Punkt der Schwebephase, ohne zum Schritt oder Trab durchzuparieren.

SO SOLL ES AUSSEHEN Fliegende Galoppwechsel unter dem Reiter gehören bereits zu den fortgeschritteneren Lektionen. Korrekt gelungen sind sie, wenn das Pferd auf Hilfe des Reiters vom Links- in den Rechtsgalopp und umgekehrt springt, indem es am höchsten Punkt der Schwebephase die innen jeweils vermehrt nach vorn durchgreifenden Beinpaare (Vorder- und Hinterbein) mit den zuvor äußeren wechselt, so dass diese nun weiter vorgreifen. Dabei sollen das gleichseitige Vorder- und Hinterbein auch gleichzeitig diesen Wechsel vollziehen und gleichzeitig im „neuen" Galopp landen. Je besser und runder die Galoppade, desto schöner sind auch die Galoppwechsel, die im günstigsten Fall im Rhythmus des Galopps weit nach vornoben in sich gerade gerichtet durchgesprungen werden sollen.

DIE HÄUFIGSTEN FEHLER Nachgesprungen (Vorder- und Hinterbein wechseln nicht gleichzeitig und landen nacheinander auf dem Boden); hinten voraus (das „neue" innere Hinterbein wechselt zuerst, dann erst folgt das Vorderbein); nicht durchgesprungen (gleichseitiges Vorder- und Hinterbein landet leicht zeitverzögert); hinten gleichzeitig (Hinterbeine fußen gleichzeitg auf); nach der Hilfe (zwischen Wechselhilfe und Galoppwechsel vergeht mindestens ein Galoppsprung); mit hoher Kruppe; eng im Hals; flach; stockend; schwankend; nicht auf gerader Linie; ausgefallen (Pferd fällt in den Trab); gegen die Hand; stürmend; mit Spannung.

RICHTIGE HILFEN, FEHLER VERMEIDEN Eine richtige Hilfe zum fliegenden Galoppwechsel bei einem ausgebildeten Pferd zu geben ist eine Sache, den „Fliegenden“ zu erarbeiten eine ganz andere. Letzteres erfordert viel Erfahrung und sollte deshalb nur von fortgeschrittenen Reitern durchgeführt werden. Immerhin stellt der fliegende Galoppwechsel unter dem Reiter für das Pferd bereits einen recht anspruchsvollen Bewegungsablauf dar. Einmal erlernte Fehler wie zum Beispiel Nachspringen oder „nicht Durchspringen“ sind sehr schwer wieder abzustellen, da sie im Bewegungsmuster des Pferdes schnell automatisiert sind.

Voraussetzung für einen guten fliegenden Galoppwechsel ist ein guter und ausbalancierter Galopp. Ist dieser vorhanden, ist auch die freie Schwebe lang genug, die es dem Pferd vereinfacht, den Wechsel der Beinpaare vorzunehmen. Beim Freilauf ohne Reiter schaffen junge Pferde den fliegenden Galoppwechsel meist spielerisch, da sie sich im Allgemeinen im natürlichen Gleichgewicht befinden. Anders ist es unter dem Reiter, denn hier ist zunächst einmal dieses Gleichgewicht gestört und muss durch systematische Arbeit erst wieder hergestellt werden. Werden hier schon in den Anfangsmonaten und -jahren der Ausbildung Fehler gemacht, rächt sich dies später beim Erarbeiten der fliegenden Galoppwechsel.

Will man als Reiter mit einem im „Fliegenden“ ausgebildeten Pferd einen Wechsel reiten, sollte man folgendermaßen vorgehen: Am

Fliegende Wechsel erfordern eine gute Galoppade und eine sichere Koordination.

besten wechselt man zunächst vom Außengalopp zum ⇢ Handgalopp (Innengalopp), da dies den meisten Pferden leichter fällt. Um ein Gefühl für die Wechsel zu bekommen, ist die Bahnfigur ⇢ „Durch die halbe Bahn wechseln" hilfreich, da man hier erstens einen Handwechsel durchführt und man zweitens den Winkel, über den man zum Hufschlag kommt, besser variieren kann als beim Wechsel durch die ganze Bahn, bei dem man ja gleich in der Ecke landet und diese durchreiten muss.
Nähert sich der Reiter nun dem Punkt des Wechsels – beim „Durch die halbe Bahn wechseln" ist dies kurz vor Erreichen des Hufschlags – gibt er am äußeren Zügel eine Parade, um das Pferd aufmerksam zu machen. Zuvor hat man mit dem äußeren, verwahrend zurückliegenden Schenkel bereits ein wenig mehr Druck (nicht seitlich, sondern kurze Vorwärts-Impulse) ausgeübt als beim „normalen" Galoppieren, um das Hinterbein, das ja nach dem Wechsel das neue innere Hinterbein sein wird, schon ein wenig „wach" zu machen, damit es auf die Wechselhilfe dann leichter vorspringt.
In dem Moment des Wechsels muss der Reiter sehr viele fein aufeinander abgestimmte Hilfen gleichzeitig geben:
Mit dem Zügel stellt er das Pferd ein wenig zum neuen inneren Schenkel; die Reiterschenkel tauschen ihre Position, das heißt, der bisher am Gurt liegende innere Schenkel gleitet verwahrend hinter den Gurt und wird zum neuen äußeren Schenkel, während der bisherige äußere Schenkel nach vorn an den Gurt kommt. Im Augenblick des Umspringens gibt die „neue" innere Hand ein wenig vor, damit das „neue" innere Hinterbein auch durchspringen und der Galoppsprung „bergauf" gelingen kann.
Während des Wechsels verschieben sich Hüfte und Gewicht des Reiters minimal zur neuen Seite. Doch Vorsicht: Zu deutliche Gewichtsverlagerung bringt vor allem in Galoppwechseln ausgebildete Pferde aus dem Gleichgewicht und verschlechtert bzw. verhindert das Wechseln.
Am besten – und am korrektesten – ist es, den „Fliegenden" mit minimalem Körpereinsatz zu reiten. Dies geht aber erst mit ausgebildeten Pferden. Bei jungen Pferden ist dies oft noch nicht möglich.

Pausen machen

Mach mal Pause! Ein Tipp, der auch fürs Reiten gilt. Pferde sind auch nur "Menschen". Bei anstrengender Arbeit ermüdet ihre Muskulatur (Stichwort Übersäuerung) und ihre Aufmerksamkeit. Es bringt also nichts, wieder und wieder das Gleiche zu reiten, da die Lektion auf Dauer dadurch nur schlechter und schlechter wird und schlimmstenfalls in Widersetzlichkeit endet. Stattdessen spätestens nach 15 Minuten Arbeit ein paar Minuten Schrittpause einlegen und auch nicht immer die gleiche Lektion wieder und wieder reiten. Abwechslung entspannt und fördert den Lernerfolg.

Hier muss der Reiter häufig noch viel eindeutigere Hilfen geben, um sich verständlich zu machen. Vor allem der noch stärkere Einsatz des Oberkörpers kommt hier manchmal zum Tragen. Er bringt das Pferd absichtlich aus dem Gleichgewicht und bringt es so zum Umspringen.
Die Komplexität der Hilfengebung macht die Lektion „Fliegender Wechsel“ so schwierig und sollte deshalb, vor allem von unerfahreneren Reitern, nur unter Anleitung geritten werden. Ansonsten steht man als Reiter plötzlich vor Problemen, deren Behebung sehr schwierig werden kann. Außerdem sollten fliegende Galoppwechsel nicht immer am gleichen Punkt geritten werden, da viele Pferde dazu neigen, zu antizipieren, sprich vorauszusehen. Das kann dazu führen, dass Spannung aufkommt oder dass der Wechsel schon vor der Reiterhilfe gesprungen wird.
Eine schöne Übung für Pferde, die bereits recht ausbalanciert und versammelt galoppieren, aber sich beim Erlernen der „Fliegenden“ trotzdem schwer tun (möglicherweise, weil sie lange Zeit nur im Außengalopp geschult wurden), ist das Reiten auf dem Mittelzirkel im Außengalopp mit umspringen lassen zum Handgalopp.

ZIEL DER LEKTION Die „Fliegenden“ sind, genau wie die ⇢ einfachen Galoppwechsel, eine Möglichkeit, im Galopp von der einen auf die andere Hand zu gelangen, ohne durchzuparieren und ohne durch rundenweises Reiten im Außengalopp das Pferd übermäßig zu belasten.
Sie sind darüber hinaus aber auch eine gute Überprüfung der Losgelassenheit und der Geraderichtung eines Pferdes, Punkt zwei und fünf der sechsstelligen Ausbildungsskala. Nur ein losgelassenes und in sich geradegerichtetes Pferd wird saubere und schöne fliegende Wechsl absolvieren können. Latente oder aufkommende Spannung entlädt sich oft im Moment des Wechsels und „outet“ fehlende Losgelassenheit, so wie mangelnde Geraderichtung das Gleichmaß der fliegenden Wechsel verhindert. Zudem ist ein sicher gelungener einzelner fliegender Wechsel Voraussetzung für die später in höheren Prüfungen verlangten ⇢ Serienwechsel.

BESONDERHEIT Fortgeschrittene Übung; für das Ende der Lösephase und für die Arbeitsphase geeignet; reitbar im versammelten Arbeits- und Mittelgalopp; fördert Koordination; Abkürzung im Protokoll FW (fliegender Wechsel).

SKALA-FAKTOR Takt, Losgelassenheit, Anlehnung, Schwung, Geraderichtung, Versammlung.

Viele Reiter stellen sich die Frage: Soll man zuerst Außengalopp (links) oder zuerst fliegende Galoppwechsel erarbeiten?

Erst Außengalopp oder erst fliegende Galoppwechsel?

„Soll ein Pferd erst einen sicheren Außengalopp beherrschen, bevor es fliegende Galoppwechsel geht? Diese Frage stellen sich viele Reiter im Laufe der Ausbildung. Ich bin der Meinung, dass man alles annehmen sollte, was ein Pferd von selber anbietet. Wenn ein junges Pferd von sich aus umspringt und fliegend wechselt, dann nehmen wir dies dankend und lobend an. Denn Außengalopp lernt jedes Pferd, fliegende Galoppwechsel nicht unbedingt. Aus diesem Grund sollte man auch nicht erst eisern den Außengalopp üben oder sein Pferd womöglich noch für ein Umspringen bestrafen, sondern es loben. Denn je mehr das Pferd ins Gleichgewicht kommt, desto einfacher gelingt ihm der Außengalopp sowieso. Fliegende Galoppwechsel dagegen können eher Probleme bereiten. Ein Umspringen sollte man deshalb als Reiter immer als ein Geschenk ansehen und es dankend annehmen."

DR. UWE SCHULTEN-BAUMER SEN.
Olympia-Trainer, Dressur-Mäzen

G

VON „GALOPPWECHSEL“ BIS „GRUSSAUFSTELLUNG“

Grußaufstellung

GALOPPWECHSEL

Siehe ⇢ Einfacher Galoppwechsel (S. 51) und ⇢ Fliegende Galoppwechsel (S. 55)

GANZE BAHN

Das Kommando zum Auflösen eines Zirkels und wieder Zurückkehren auf den Hufschlag der ganzen Bahn.

SO SOLL ES AUSSEHEN Die Lektion „Ganze Bahn“ ist nicht besonders kompliziert. Beachtet man ein paar Kleinigkeiten, wird sie jederzeit ohne großen Aufwand gelingen. Gegeben wird das Kommando ausschießlich beim Abteilungsreiten und zwar im Allgemeinen, wenn sich die Abteilung auf einem Zirkel befindet, seltener wenn zuvor ⇢ „Halbe Bahn“ gefordert wurde. Es signalisiert dem Anfangsreiter, sich nun wieder auf den Hufschlag der ganzen Bahn zu begeben. Von dem Augenblick an, in dem das Kommando fällt, müssen die Reiter die zuvor nicht ausgerittenen Ecken des Vierecks wieder tief durchreiten. Befindet sich die Abteilung beispielsweise auf einem ⇢ Zirkel und erschallt das „Ganze Bahn“ kurz vor Erreichen des Hufschlags, muss von da an die nächste Ecke tief durchritten werden, da der Zirkel aufgehoben wurde. Wird das Kommando in Zusammenhang mit einem Buchstaben gegeben, also zum Beispiel „A – ganze Bahn“, muss bis A die Zirkellinie eingehalten werden (ohne Ecken!), nach A geht es dann wieder tief in die Ecken hinein.

DIE HÄUFIGSTEN FEHLER Die Lektion „Ganze Bahn“ ist, da sie nicht besonders komplex ist, auch nicht sehr „fehlerbelastet“. Es ist nur eine Frage von Wissen und Konzentration, hier einen guten Eindruck zu hinterlassen. Wer weiß, dass er nun wieder tief in die Ecken muss, daran denkt und dies auf Kommando auch ausführt, hat schon alles Erforderliche geschafft.

RICHTIGE HILFEN, FEHLER VERMEIDEN Beim Wechsel von der gebogenen Linie auf die Gerade – und daraus besteht das „Ganze-Bahn-Reiten" zum größten Teil – kommt es wieder auf das richtige Zusammenspiel von Reiterhand und -schenkeln an. Zum Auflösen der auf dem Zirkel bestehenden Innenstellung und Längsbiegung muss der Reiter beide Schenkel wieder vorwärtstreibend an den Gurt nehmen und gleichzeitig die innere Hand leicht vorgeben, um die Stellung aufzuheben. Dadurch wird dem Pferd signalisiert: Die Wendung ist zu Ende, es geht wieder geradeaus. Dieser Vorgang soll fließend und beinahe unsichtbar geschehen und nicht durch plötzliches „Lenken" mit der Hand.

Beim Kommando „Ganze Bahn" bleibt die Abteilung auf dem Hufschlag.

ZIEL DER LEKTION Das Kommando „Ganze Bahn" ist lediglich eine Anweisung für den Reiter, einen Zirkel aufzulösen und wieder die gesamte Viereckfläche zu nutzen. Im Rahmen der Ausbildung eines Pferdes nimmt es keine besondere Rolle ein. Es dient höchstens dazu, nach dem Reiten von Wendungen wieder vermehrt nach vorn und damit entspannender reiten zu können, um den Vorwärtsdrang des Pferdes zu erhalten.

BESONDERHEIT Grundlagenfigur; gefordert von Reiterwettbewerb bis Grand Prix; in allen Grundgangarten reitbar.

SKALA-FAKTOR Takt, Losgelassenheit*, Anlehnung, Schwung*, Geraderichtung*, Versammlung.

GANZE PARADE

Das Zusammenwirken aller Hilfen mit dem Resultat des Übergangs zum → Halten (S. 78).

SO SOLL ES AUSSEHEN Eine ganze Parade ist gelungen, wenn ein Pferd, egal ob aus dem Schritt, Trab oder Galopp, in einer weichen Bewegung umgehend zum Halten kommt, dabei ruhig und sicher an den Reiterhilfen steht und sein Gewicht im Stand gleichmäßig auf alle vier Beine verteilt.

DIE HÄUFIGSTEN FEHLER Parade auslaufend (über Schritt oder Trab); über die Vorhand; gegen die Hand; eng im Hals; schief; mit ausweichender Hinterhand; abrupt; viel Reiterhand; Reiter fällt nach vorn; Reiter gerät in Rücklage.

RICHTIGE HILFEN, FEHLER VERMEIDEN Wie die Definition schon sagt: Bei der ganzen Parade wirken sämtliche Reiterhilfen zusammen – und zwar zeitgleich. Hat der Reiter vor, zum Halten durchzuparieren, also eine ganze Parade zu geben, muss er vorwärtstreibende Schenkelhilfen einsetzen, gleichzeitig eine durchhaltende Zügelhilfe und eine Gewichtshilfe geben. Fangen wir mit der durchhaltenden Zügelhilfe an. Sie ist quasi die Bremse, die betätigt wird. Aber nur kurz und immer in Verbindung mit dem „Gas", den treibenden Schenkelhilfen. Warum? Ganz einfach. Druck erzeugt Gegendruck, Zug Gegenzug. Zieht der Reiter also nur am Zügel, macht sich das Pferd im Rücken lang und zieht mit Hals und Körpereinsatz dagegen, so, als ob es eine Kutsche zu ziehen hätte. Der Reiter zieht mehr, das Pferd ebenfalls – schon ist die Parade misslungen. Wird die Zügelhilfe aber kombiniert mit einer vorwärts treibenden Schenkelhilfe, werden die Hinterbeine des Pferdes zum vermehrten Vortreten und Last aufnehmen animiert. Das „lang Werden" wird verhindert, das Pferd wird optisch kürzer, es „schließt" sich. Da es dabei die Vorhand entlastet, kann die Zügelhilfe als „Bremse" überhaupt erst greifen.
Wichtig ist auch der kontrollierte Einsatz der Gewichtshilfen während der Parade. Das Pferd soll sich ja verkürzen, um optimal zum Halten zu kommen. Dazu muss es in die Lage versetzt werden, seinen Rücken aufzuwölben. Dies gelingt aber nur, wenn der Reiter die zuvor vorwärtstreibenden Kreuzhilfen abstellt, senkrecht im Pferd sitzen bleibt und dabei selbst in völliger Balance ist. Viele Reiter neigen dazu, sich bei der ganzen Parade nach hinten zu lehnen und dabei womöglich noch die Beine nach vorne zu strecken – so, als würden sie im Auto auf die Bremse treten. Nun ist ein Pferd aber kein Auto und darüber hinaus noch sehr empfindlich, vor allem im Rücken. Durch das Zurücklehnen übt der Reiter einen enormen

Die ganze Parade besteht aus Aufnehmen, Durchtreiben und Halten.

Atmende Hände

Eine ruhige Reiterhand darf nicht mit einer festen Hand verwechselt werden. Nachgeben allerdings auch nicht mit Wegschmeißen der Zügel. Am besten stellt man sich vor, die Hände würden atmen. Dadurch entsteht bereits genügend Flexibilität.

Druck auf die Rückenmuskulatur seines Pferdes aus, das diesem Druck durch weiteres Nach-vorne-Laufen entgehen will. Sind dann auch noch zu allem Übel die Reiterschenkel nach vorn gestreckt, bleibt das Hinterbein des Pferdes zurück, sein Rücken hängt durch und empfindet den Druck noch stärker. Wenn überhaupt, dann sollte der Reiter ein Pferd, das zum „in die Hand Drücken" während einer Parade neigt, durch leichtes und kurzes Nach-vorn-Lehnen entlasten. Optimal ist es natürlich, wenn der Reiter während der Parade senkrecht und in völliger Balance auf dem Pferd sitzt und mit geringsten Hilfen sein Pferd parieren kann. Die Hilfen der ganzen Parade werden übrigens so lange wiederholt, bis das Pferd zum Stand gekommen ist. Bei gut durchlässigen Pferden kann dies bereits sofort nach Gabe der ersten Hilfen-Kombination sein, bei weniger durchlässigen oder noch nicht so weit ausgebildeten Pferden tritt meist eine Verzögerung ein, die es durch entsprechende Arbeit auszumerzen gilt.

ZIEL DER LEKTION Ganze Paraden haben wieder einmal, wie fast alle Lektionen, mehrere Inhalte. Erstens sind sie absolut notwendig zur Kontrolle eines Pferdes und damit so etwas wie der Schneepflug oder die „Textilbremse" beim Ski-Fahren. Nur wer anhalten kann – egal ob auf der Piste oder im Sattel – kann kritische Situationen und damit Unfälle vermeiden. In einer Dressurprüfung sind die ganzen Paraden Überprüfung der Durchlässigkeit und geben Auskunft über das „Gearbeitet-Sein" des Pferdes und über die korrekte Einwirkung des Reiters. Und dann sind die ganzen Paraden noch ein wunderbares Hilfsmittel bei der Ausbildung eines Pferdes. Durch das Einbauen möglichst vieler ganzer Paraden aus Schritt, Trab und später auch Galopp und die damit verbundene Kombination von mehreren Reiterhilfen und diversen gewollten Reaktionen des Pferdes (Senken der Hinterhand, Aufwölbung des Rückens, Dehnen an die Reiterhand) wird das Pferd bei jeder ganzen Parade hervorragend gymnastiziert – vorausgesetzt natürlich, sie wird korrekt geritten. Je korrekter die Parade durchgeführt wird, desto größer ist ihr gymnastizierender Effekt, und desto geschmeidiger wird das gesamte Pferd.

BESONDERHEIT Grundlagenübung; für das Ende der Lösephase und für die Arbeitsphase geeignet; reitbar aus allen Grundgangarten; schult Tragkraft; Abkürzung im Protokoll:GP (ganze Parade).

SKALA-FAKTOR Takt*, Losgelassenheit**, Anlehnung***, Schwung***, Geraderichtung**, Versammlung***.

GANZE PIROUETTE

Siehe ⇢ Pirouette (S. 113)

GRUSSAUFSTELLUNG

Das Halten mit Blick zu den Richtern zum Gruß anfangs einer Aufgabe und zu deren Abschluss.

SO SOLL ES AUSSEHEN Die Aufstellung zum Gruß ist einer der tragenden Momente einer Dressuraufgabe und als solche nicht zu unterschätzen. Mit ihr hinterlässt der Reiter einen Eindruck am Anfang und am Ende einer Aufgabe – je nach Qualität der Grußaufstellung einen positiven oder negativen. Nicht umsonst wird die Grußaufstellung gerne auch als Visitenkarte des Reiters bezeichnet. Im Allgemeinen wird sie auf der Mittellinie gefordert (Ausnahme beim Abteilungsreiten), meist im Mittelpunkt bei X, zum Abschluss einer Aufgabe manchmal auch bei G vor den Richtern. Zum Gruß nimmt der Reiter die Zügel in eine Hand und grüßt mit der nun freien Hand die Richter. Reiterinnen lassen dabei ihre freie Hand (meist die Gertenhand) lediglich seitlich am Körper herabhängen, während sie gleichzeitig grüßend mit dem Kopf nicken. Die Herren dagegen lupfen den Helm bzw. Melone oder Zylinder, lassen die Kopfbedeckung kurz seitlich herabhängen und setzen sie anschließend wieder auf. Wichtig ist, dass das Pferd während dieser ganzen Prozedur gerade und parallel zur langen Seite steht, unbeweglich ist, sein Gewicht im ⇢ Halten gleichmäßig auf alle vier Hufe verteilt, sicher in der Anlehnung bleibt und dabei sein Genick den höchsten Punkt bildet. Nach dem Gruß werden die Zügel wieder aufgenommen.

Bei der Grußaufstellung soll das Pferd ruhig auf allen vier Beinen stehen.

Grußaufstellung in der Abteilung

DIE HÄUFIGSTEN FEHLER Bei der Grußaufstellung kann es jede Menge Fehler geben, die bei entsprechendem Üben aber gut vermeidbar sind. Unerwünscht sind: Halten nicht am Punkt; Grußaufstellung schief; Halten nicht geschlossen; zurückgetreten; Genick nicht höchster Punkt; Anlehnung geht verloren; Kopfschlagen; Unruhe; Reiter verliert beim Gruß bzw. beim Wiederaufnehmen einen Zügel.

RICHTIGE HILFEN, FEHLER VERMEIDEN Die Grußaufstellung lässt sich üben, und zwar in allen Einzelheiten. Dazu gehört auch der Gruß selbst, denn manche Pferde neigen dazu, genau in dem Moment unruhig zu werden, in dem der Reiter die Zügel in eine Hand oder den Hut vom Kopf nimmt. Oder sie wollen am Ende des Grußes bereits antreten, ohne auf die Hilfe des Reiters zu warten. Zur Einleitung einer Grußaufstellung muss nach dem ⇢ Abwenden auf die Mittellinie zunächst eine korrekte ⇢ ganze Parade gegeben werden. Sobald das Pferd anhält, ruhig den Gruß absolvieren – egal, ob dieser im Training mangels Richtern der Wand, dem Spiegel oder einigen interessierten Zuschauern gilt. Nur so gewöhnt sich das Pferd an das ruhige Stehen, während sein Reiter die Zügel umgreift, grüßt und die Zügel wieder aufnimmt und sortiert. Erst wenn das geschehen ist, gibt der Reiter die Hilfe zum ⇢ Anreiten. Beim Üben zu Hause muss unbedingt darauf geachtet werden, dass das Pferd bis zum Anreiten ruhig stehen bleibt und auf die Reiterhilfen wartet. Anders in einer Prüfung: Natürlich gilt auch hier die Forderung nach Unbeweglichkeit im ⇢ Halten. Doch gerade der erfahrene Reiter wird, sollte sein Pferd zum Ende des Grußes bzw. beim Wiederaufnehmen der Zügel von sich aus bereits antreten, dies auch annehmen und losreiten. Würde der Reiter in dieser Situation sein Pferd nämlich am Losgehen hindern, könnte Unruhe aufkommen, die wiederum die Note drücken würde. Ein etwas verfrühtes Anreiten dagegen fällt kaum auf.

ZIEL DER LEKTION Die Grußaufstellung ist eine der ganz wenigen Lektionen, die – außer einer Gehorsamsüberprüfung – keinen weiteren ausbilderischen und gymnastischen Sinn hat. Sie ist aus der reiterlichen Tradition erwachsen, die den Gruß an die Richter als Ausdruck eines höflichen Umgangs miteinander an den Beginn und ans Ende einer Dressuraufgabe stellt.

BESONDERHEIT Grundlagenübung; Abkürzung im Protokoll GA (Grußaufstellung).

SKALA-FAKTOR Takt, Losgelassenheit, Anlehnung, Schwung, Geraderichtung, Versammlung.

Lektionen sind Mittel zum Zweck

„Das Entscheidende in der dressurmäßigen Arbeit ist es, die Grundqualität und die Harmonie zwischen Reiter und Pferd zu verbessern. Dies gelingt durch Lektionen. Das Reiten von Lektionen hat dabei nichts zu tun mit dem Herunterleiern von Übungen, sondern mit der Verbesserung der Rittigkeit – egal ob auf E- oder auf S-Niveau. Als Reiter muss ich mich auf jeden Fall von dem Gedanken frei machen, Lektionen immer nur um ihrer Selbst willen üben zu wollen, denn sie sind nicht Selbstzweck, sondern Mittel zum Zweck. Wenn die Grundlagenarbeit stimmt, dann fallen einem die Lektionen schließlich in den Schoß wie ein reifer Apfel. Reines Üben von Lektionen ohne Orientierung an der Skala der Ausbildung ist dagegen eher contrapoduktiv und falsch. Der Reiter mag vielleicht noch das Glück haben, dass die auf diese Weise einstudierte Lektion am Ende sogar klappt. Aber sie wird ausdruckslos und ohne Charme bleiben und unter gymnastischen Gesichtspunkten absolut wertlos sein. Wenn ein Pferd wie ein Sklave seine Lektionen absolviert, dann mag es sich in sein Schicksal ergeben haben. Aber es ist weder körperlich noch mental reif geworden. Und dies darf niemals der Sinn der Lektionenreiterei sein.
Lektionen müsssen immer als Hilfsmittel auf dem Weg zum Ziel angesehen werden. Dass sie am Ende richtiger Arbeit scheinbar wie von selber funktionieren, ist dann quasi das Tüpfelchen auf dem I."

CHRISTOPH HESS
Leiter der Abteilung Ausbildung bei der Deutschen Reiterlichen Vereinigung, Internationaler Richter Dressur

H

VON „HALBE BAHN“ BIS „HINTERHANDWENDUNG“

Das Zusammenspiel von Hand - Kreuz - Schenkel

HALBE BAHN

Die Reduzierung des ganzen Vierecks um die Hälfte.

SO SOLL ES AUSSEHEN Das Kommando „Halbe Bahn“ wird heute eher selten verlangt. In den modernen Dressuraufgaben kommt es derzeit gar nicht vor. Trotzdem soll die Lektion hier kurz erklärt werden, denn angesichts der häufigen Überarbeitungen und Änderungen der Aufgaben ist es durchaus möglich, dass früher oder später auch das Halbe-Bahn-Reiten wieder verlangt wird. Ertönt das Kommando, muss der Reiter den nächsten Mittelpunkt der langen Seite als Wendepunkt nutzen und von da aus gerade auf den gegenüberliegenden Mittelpunkt zureiten, um dort wieder auf den Hufschlag abzuwenden, ohne die Hand zu wechseln. Dabei soll darauf geachtet werden, dass die Punkte B bzw. E nicht überritten werden. Es muss so zeitig abgewendet werden, dass der Reiter nach Durchreiten einer Viertelvolte genau auf der Verbindungslinie E-B landet.

DIE HÄUFIGSTEN FEHLER Ähnlich wie die Lektion „Ganze Bahn“ ist auch „Halbe Bahn“ nicht besonders schwierig. Die einzigen Fehler, die passieren können, sind unkorrekte Wendungen. Das heißt, zu frühes oder zu spätes Abwenden oder das Abrunden der Ecken.

RICHTIGE HILFEN, FEHLER VERMEIDEN Will ein Reiter das Kommando „Halbe Bahn“ korrekt umsetzen, ist es hilfreich, sich die Punkte B bzw. E als Viereckende und die Verbindung zwischen diesen Punkten als Hufschlag vorzustellen. Gelingt dies, wird man keine Schwierigkeit haben, punktgenau abzuwenden und gerade auf diesem „Hufschlag“ zu landen. Sicheres → Abwenden ist hier wieder Voraussetzung für ein gutes Gelingen.

ZIEL DER LEKTION Die Lektion „Halbe Bahn“ ist eigentlich nichts weiter als wieder eine Überprüfung der reiterlichen Einwirkung und des Gerittenseins des Pferdes.

Das Geheimnis des Reitens

Richtige halbe Paraden sind das Schwierigste überhaupt. Man muss zunächst lernen, vor jeder Ecke das Hinterbein des Pferdes mit Kreuz und Schenkeln zu ein paar fleißigeren Tritten und Sprüngen aufzufordern, um Erhabenheit und Kadenz zu erreichen. Nur am Zügel ziehen bringt da nichts, im Gegenteil. Unerfahrenere Reiter lernen halbe Paraden am besten auf ausgebildeten Pferden, die gut darauf reagieren. Ich lasse die Reiter dann vor jeder Ecke zum Schritt durchparieren und, auch noch vor der Ecke, gleich wieder antraben oder angaloppieren. Dadurch sollen sie ein Gefühl dafür bekommen wie es ist, wenn ein Pferd unterschwingt, sich schließt, Last aufnimmt und den Rücken aufwölbt. Erst dann lasse ich die halben Paraden auch innerhalb einer Grundgangart reiten. Sie müssen den Reitern in Fleisch und Blut übergehen. Dann erst fängt für mich Reiten an."

MARTIN SCHAUDT
Mannschafts-Olympiasieger, Mannschafts-Europameister

BESONDERHEIT Grundlagenlektion; reitbar in allen Grundgangarten im versammelten sowie im Arbeitstempo.

SKALA-FAKTOR Takt, Losgelassenheit*, Anlehnung*, Schwung, Geraderichtung*, Versammlung.

HALBE PARADE

Reiterliches Instrumentarium zur Vorbereitung jeder Lektion und jeglichen Übergangs.

SO SOLL ES AUSSEHEN Eine halbe Parade ist keine Lektion, ja nicht einmal eine Übung. Sie ist vielmehr eine Kombination mehrerer Hilfen, mit denen der Reiter sein Pferd aufmerksam machen und vermehrt zwischen Gewichts-, Schenkel- und Zügelhilfen einschließen kann. Halbe Paraden werden immer gegeben, wenn der Reiter von seinem Pferd etwas möchte – sei es eine Lektion oder ein → Übergang von einer Gangart in die andere oder von einem Tempo in ein anderes. Dabei soll das Pferd immer seinen Takt beibehalten, losgelassen bleiben und leicht am Gebiss in sicherer Anlehnung stehen.

DIE HÄUFIGSTEN FEHLER Gegen die Hand; wenig durchlässig, mit blockierendem Hinterbein; mit festem Rücken; mit viel Einwirkung (Reiter).

RICHTIGE HILFEN, FEHLER VERMEIDEN Wie schon gesagt die halbe Parade ist selbst eine Hilfe. Und zwar eine der wichtigsten überhaupt. Trotzdem haben viele Reiter eine eher schwammige Vorstellung von dem, was sie da oben auf dem Pferd tun sollen. Halbe Paraden haben etwas mit Gefühl und Einfühlungsvermögen zu tun. Am besten sind sie, wenn sie beim Reiter ganz automatisch ablaufen, ohne dass er noch groß darüber nachdenken muss. Eine halbe Parade setzt sich aus der Kombination von vermehrten impulshaften Gewichts- (Kreuz anspannen), Schenkel- (beidseitiger kurzer Druck) und durchhaltenden Zügelhilfen (Fäuste stehen lassen, leicht einwärts drehen) zusammen, denen immer eine nachgebende Zügelhilfe folgt. Das heißt, der Reiter treibt das Pferd gleichzeitig vorwärts und hält es zurück. Dadurch schiebt er sein Pferd einen Hauch mehr zusammen, wie eine Feder, die gespannt wird. Nimmt das Pferd das mit vermehrt unter den Schwerpunkt schwingenden Hinterbeinen an, fühlt man dies. Das Pferd setzt sich, „kommt zurück“. Abhängig von der nun folgenden Lektion/Übung müssen die weiteren Hilfen entweder vorwärts, seitwärts und durchhaltend intensiviert werden. Wer Probleme mit dem „Fühlen“ der richtigen halben Paraden hat, kann sich behelfen, indem er dabei an ⇢ Halten denkt. In dem Moment, in dem das Pferd die Hilfe zum Halten annehmen möchte, muss wieder mehr nach vorn getrieben werden. Gelingt dies fließend mehrmals hintereinander, ohne dass das Pferd zum Halten kommt, hat man die halben Paraden begriffen.

In dieser Momentaufnahme könnte das Pferd während der halben Parade die Hinterhand noch mehr unter den Schwerpunkt bringen.

ZIEL DER LEKTION Wenn die Hilfen die Buchstaben der Kommunikation zwischen Pferd und Reiter sind und die Lektionen die ganzen Sätze, dann sind die halben Paraden die Wörter. Erst wenn sie richtig gesetzt werden, können auch die Sätze/Lektionen funktionieren. Bei (korrekten) halben Paraden tritt das Pferd vermehrt an die Hand he-ran, Anlehnung und Losgelassenheit verbessern sich und damit auch Schwung und Versammlung.

BESONDERHEIT Grundlage der gesamten Reiterei; immer und überall gefragt; schult Koordination und Tragkraft.

SKALA-FAKTOR Takt***, Losgelassenheit***, Anlehnung***, Schwung***, Geraderichtung***, Versammlung***.

HALBE TRITTE

Verkürzte Trabtritte mit reduzierter Schwebephase zur Vorbereitung auf die ⇢ Piaffe.

SO SOLL ES AUSSEHEN Halbe Tritte sollten nur von erfahrenen Reitern oder unter Anweisung geritten werden. Erstens, weil sie als Vorbereitung auf die sehr schwierige Lektion Piaffe sowieso nur etwas für fortgeschrittene Reiter sind, zweitens weil viele Reiter den Unterschied zwischen halben Tritten und Latschen nicht fühlen. Bei den halben Tritten soll das Pferd nämlich in geschlossener Versammlungshaltung bei stärkerer Hankenbiegung deutlich verkürzte, taktsaubere Trabtritte zeigen, bei denen die gesenkte Hinterhand weiterhin fleißig unter den Körperschwerpunkt mittritt. Die Schwebephase ist deutlich reduziert. Halbe Tritte sollen immer die Tendenz „nach vorn“ und „bergauf“ haben.

Halbe Tritte schulen – korrekt geritten – die Rückenwölbung und die Kraft des Pferdes.

DIE HÄUFIGSTEN FEHLER Taktstörungen; nur langsam; wenig Fleiß; auf der Vorhand; Schwebetritte; schleppende Hinterhand; Hinterhand hinten heraus; hohe Kruppe; durchhängender Rücken; eng im Hals; hinter der Senkrechten.

RICHTIGE HILFEN, FEHLER VERMEIDEN Voraussetzung für die halben Tritte ist, wie gesagt, bereits eine erhöhte Versammlungsfähigkeit des Pferdes und auch eine gute Durchlässigkeit. Ist dies gegeben, kann der Reiter versuchen, durch eine Verstärkung der durchhaltenden Zügelhilfen bei gleichzeitig verstärkten treibenden Kreuz- und Schenkelhilfen den Trab in Vorwärts und Trittlänge zu reduzieren. Dabei darf er nicht zu schwer einsitzen, sondern kann sogar – um dem Pferd das Aufwölben des Rückens in dieser Phase zu erleichtern – ein wenig entlastend sitzen. Beide Schenkel treiben minimal hinter dem Gurt die Hinterhand heran, während mit beiden Zügeln abwechselnd durchhaltende und nachgebende Hilfen gegeben werden. Zu Beginn sollte man mit einigen wenigen halben Tritten zufrieden sein, um das Pferd nicht zu verunsichern und Taktfehler zu verhindern. Halbe Tritte können aus dem versammelten Schritt entwickelt werden, wobei man aufpassen muss, dass man keine Spannungen aufbaut, die zu Taktverschiebungen (Pass, Zackeln) führen. Möglich sind halbe Tritte auch durch Zurücknahme im versammelten Trab, so, als wolle man durchparieren, dies aber im letzten Moment wieder abbricht. Manche Pferde tun sich mit den halben Tritten leichter, wenn man aus dem Trab ganz kurz zum Schritt durchpariert und dann sofort wieder (in halben Tritten) anreitet.

ZIEL DER LEKTION Halbe Tritte sind eine gute Vorbereitung auf die spätere Piaffe, da das Pferd lernt, bei taktmäßig vorschwingenden Hinterbeinen sich mit Vorwärtstendenz trabartig weiter zu bewegen. Selbst wenn manche Pferde die spätere Piaffe auf Grund von mangelndem Talent bzw. ungünstiger Anatomie nie gut beherrschen, kann auch bei ihnen durch die halben Tritte und die damit vermehrte Hankenbiegung/Lastaufnahme der gesamte Trab verbessert werden.

BESONDERHEIT Fortgeschrittene Übung; sinnvoll erst etwa ab M-Versammlungsniveau; schult Tragkraft.

SKALA-FAKTOR Takt, Losgelassenheit**, Anlehnung*, Schwung***, Geraderichtung, Versammlung***.

HALTEN

Das Stillstehen unter dem Reiter.

SO SOLL ES AUSSEHEN Gehalten wird auf Kommando an jedem beliebigen Bahnpunkt – mal mit, mal ohne die Unterstützung der Bande. Halten entwickelt sich immer aus einer ····› ganzen Parade. Im Halten soll das Pferd durchs Genick gestellt geschlossen stehen und dabei sein Gewicht möglichst gleichmäßig auf alle vier Beine verteilen. Es soll ruhig auf die kommenden Hilfen seines Reiters warten.

Linkes Foto: Halten nicht geschlossen
Rechtes Foto: Halten sicher und geschlossen

DIE HÄUFIGSTEN FEHLER Bei der so simpel klingenden Lektion Halten kann es gleich zu mehreren Fehlern kommen, da Halten Losgelassenheit, eine korrekte Anlehnung und ein gutes Gleichgewicht voraussetzt. Fehler sind: Unruhe; Halten nicht geschlossen (ein Bein wird vor- oder zurückgestellt); Halten offen (weites Zurückstellen von einem oder beiden Hinterbeinen); Ruhen (ein Hinterbein wird entlastend angewinkelt); hinten breit; Zurücktreten; eng im Hals; Genick nicht höchster Punkt; über dem Zügel; nicht in sicherer Anlehnung; mit Kopfschlagen; nicht sicher zum Stillstand gekommen.

RICHTIGE HILFEN, FEHLER VERMEIDEN Auch wenn das Halten einen recht passiven Eindruck vermittelt, darf der Reiter im Stand doch nicht vollständig untätig sein. Wie gesagt kommt man zum Halten über das Reiten einer ⇢ ganzen Parade. Wird diese korrekt ausgeführt, wird das Pferd meistens auch zu einem guten Halten kommen. Ausnahme bilden hier junge Pferde, denen auch im Stand unter dem Reiter noch das Gleichgewicht fehlt. Ausgleichend neigen sie dazu, offener zu stehen, um die Balance zu halten, ähnlich wie ein Seemann auf schwankendem Schiff breitbeinig steht. Je besser das Pferd jedoch sein Gleichgewicht findet, umso leichter wird ihm korrektes Halten fallen. Im Halten darf der Reiter nicht einfach Pause machen, da sich sein Pferd dann vermutlich von den Hilfen frei machen und sich die Gegend anschauen oder weiterlaufen würde. Vielmehr werden die Reiterhilfen weiter gegeben, allerdings sehr reduziert, quasi auf Sparflamme. Der Reiter sitzt dabei senkrecht im Mittelpunkt des Sattels, seine Unterschenkel liegen am bzw. minimal hinter dem Gurt und „atmen“ genauso wie die Fäuste. Das heißt, es werden kleinste halbe Paraden gegeben, die die Haltung des Pferdes im Stand bewahren. Je sicherer und ausbalancierter ein Pferd im Halten an den Hilfen steht, desto weniger muss der Reiter einwirken. Neigt das Pferd allerdings dazu, gegen den Zügel zu drücken und sich der Anlehnung zu entziehen, muss ein wenig mehr vorwärtstreibender Schenkeldruck gemacht werden – immer in Verbindung mit einem aufgerichteten Kreuz und einer durchhaltenden Hand. Sobald sich das Pferd im Halten wieder am Zügel abstößt, also im Genick nachgibt und kaut, wird die Hand weicher, der Schenkel passiver. Mangelnde Balance, aber auch noch fehlende Geraderichtung oder einseitige Einwirkung des Reiters können außerdem Ursache für offenes Halten sein. Oberstes Ziel muss hier zum Abstellen dieses Fehlers die systematische Arbeit zur Erreichung eben von Balance, Geraderichtung und gleichmäßiger Reitereinwirkung sein. „Kleinziel“ bzw. Soforthilfe beim offenen Stehen ist die Aufforderung mit dem Schenkel oder mit einer leichten Gertenhilfe, das herausstehende Hinterbein beizustellen. Auf jeden Fall muss offenes Stehen immer nach vorn korrigiert werden, nie nach hinten, da sich das Pferd sonst das fehlerhafte Zurücktreten angewöhnen würde.

ZIEL DER LEKTION Halten ist eine Lektion mit vielen Gesichtern. Sie ist Voraussetzung für risikominimiertes Reiten, denn nur wer sein Pferd im Stand halten kann, kann zum Beispiel an einer roten Ampel auf Grün warten oder an einem Bahnübergang auf freien Ritt. Halten ist somit eine der wichtigsten und intensivsten Gehorsamsübung, denen sich das Fluchttier Pferd unterziehen kann. Das gilt auch für die dressurmäßige Arbeit und die Dressurprüfung. Früher gab es sogar Aufgaben, in denen ausdrücklich beim Halten „fünf Sekunden Unbeweglichkeit" verlangt wurde. Inzwischen wird dies nicht mehr gesondert abgefragt, gehört aber, wenn auch nicht genau auf fünf Sekunden festgelegt, zu den Kriterien des korrekten Stehens. Halten als Ergebnis einer ganzen Parade ist außerdem Überprüfung der Durchlässigkeit des Pferdes und der Qualität der Parade. Je höher der Durchlässigkeitsgrad und je besser die Parade, desto besser wird auch das Halten gelingen. Und zu guter Letzt ist Halten auch Teil bzw. Vorbereitung anderer Lektionen, wie den → Grußaufstellungen, der → Vorhandwendung, der → Hinterhandwendung und dem → Rückwärtsrichten.

BESONDERHEIT Grundlagenlektion.

SKALA-FAKTOR Takt, Losgelassenheit, Anlehnung, Schwung, Geraderichtung, Versammlung.

HANDGALOPP

Die in Stellung und bei Wendungen auch in Biegung zur Innenseite des Vierecks gerichtete Galoppade, bei der das innere Vorderbein und das innere Hinterbein weiter vorgreifen.

SO SOLL ES AUSSEHEN Der Handgalopp, oft auch „Innengalopp" genannt, ist quasi der „normale" Galopp, bei dem das Pferd zur Innenseite des Vierecks gestellt ist. Dabei soll das Pferd in sich möglichst gerade gerichtet sein, das heißt, die Hinterhufe müssen gerade in bzw. über die Spur der Vorderhufe spuren und nicht seitlich davon. Wichtigstes Ausführungsmerkmal ist ein klarer Takt, für den Galopp wäre das ein klarer Dreitakt. Der Galoppsprung soll schwungvoll und bergauf sein und über möglichst viel Boden gesprungen werden bei leichter und gleichmäßiger Anlehnung.

DIE HÄUFIGSTEN FEHLER Vierschlaggalopp (Galopp nicht im Drei-, sondern im Viertakt); schief; auf zwei Hufschlägen; auf der Vorhand; flach; über wenig Boden; mit hoher Kruppe; gegen die Hand; zu eng im Hals; unsicher in der Anlehnung; zu viel Innenstellung.

Frisch bergauf gesprungener Handgalopp

RICHTIGE HILFEN, FEHLER VERMEIDEN Egal ob Handgalopp oder Außengalopp, der Reiter muss gerade im Mittelpunkt des Pferdes sitzen und dabei leicht seinen inneren Gesäßknochen vermehrt belasten. „Innen" meint nicht unbedingt die Innenseite des Vierecks, sondern die Seite, zu der ich das Pferd stelle. Im Handgalopp stimmt sie mit der Viereckinnenseite überein, im Außengalopp nicht. Mit der inneren Hand wird das Pferd im Handgalopp minimal Richtung Bahnmittelpunkt gestellt. Der innere Schenkel liegt am Gurt, der äußere leicht verwahrend hinter dem Gurt. Das perfekte Zusammenspiel von Gewicht, Hand und Schenkel hält das Pferd im Handgalopp und hindert es am Umspringen und am Ausfallen, es ermöglicht aber auch eine Verbesserung des Galopps und verhindert damit die meisten Fehler. Neigt ein Pferd dazu, im Handgalopp – vor allem bei Temporücknahme – die Hinterhand auf zwei Hufschlägen nach innen zu schieben, hilft es meist, es für ein, zwei Galoppsprünge ein wenig nach außen zu stellen und gleichzeitig durch vermehrten Druck des inneren Schenkels die Hinterhand abzufangen und am seitlichen Ausweichen zu hindern. Dadurch werden Vor- und Hinterhand wieder aufeinander eingestellt und das Pferd geradegerichtet.

ZIEL DER LEKTION Der Handgalopp ist der Galopp, der der natürlichen Balance des Pferdes am meisten entgegenkommt, ganz gleich, in welchem Tempo geritten wird. Aus diesem Grund wird Handgalopp auch in Prüfungen niedrigeren Niveaus gefordert, der Außengalopp kommt erst ab dem versammelten Tempo hinzu, da er eine höhere Balance erfordert. Häufige Wechsel zwischen Hand-(Innen)- und Außengalopp gymnastizieren das Pferd auf beiden Körperseiten und fördern so die Geraderichtung.

BESONDERHEIT Grundlagenübung für alle Phasen des Reitens; reitbar in allen Tempi (von Versammlung bis starker Galopp).

SKALA-FAKTOR Takt**, Losgelassenheit**, Anlehnung**, Schwung**, Geraderichtung**, Versammlung*.

HINTERHANDWENDUNG

Eine 180-Grad-Wendung der Vorhand um die Hinterhand, bei der das Pferd – nach innen gestellt und gebogen – aus dem Stand mit stetig abfußenden Hinterhufen einen möglichst kleinen Kreisbogen beschreibt.

SO SOLL ES AUSSEHEN „Auf dem Teller“ zu reiten soll sie sein, die korrekte Hinterhandwendung. Das heißt: Läge unter den Hinterhufen des Pferdes ein Teller, dürfte es diesen bei der Wendung nicht verlassen. Es müsste vielmehr mit seinen Vorderbeinen um seinen eigenen Körper herumlaufen, während sein äußeres Hinterbein um das innere, sich auf und ab bewegende Hinterbein herum einen kleinen Kreisbogen beschreibt, der gerade so groß ist, dass der Hinterhuf auf dem Rand dieses imaginären Tellers Schritt für Schritt möglichst zentriert herumtritt, bis das Pferd in Gegenrichtung steht. Dabei biegt es sich um den inneren Reiterschenkel und ist auch in die Bewegungsrichtung, hier also nach innen, gestellt und muss während der gesamten Wendung sicher an den Hilfen stehen. Da Zurücktreten als Fehler gilt, ist eine leichte Vorwärtstendenz in der Wendung erwünscht. Begonnen und beendet wird die Hinterhandwendung im Stand.

DIE HÄUFIGSTEN FEHLER Zurücktreten; Stehenbleiben (ein- oder mehrfaches Haften eines Hinterbeins); Drehen (dauerhaftes Haften beider Hinterbeine); zu groß; seitlich ausweichend; kreuzende Hinterbeine; zu wenig gestellt und gebogen; falsch gestellt und gebogen; Mittelhandwendung; gegen die Hand.

RICHTIGE HILFEN, FEHLER VERMEIDEN Das Wichtigste beim Reiten einer Hinterhandwendung ist die richtige Einleitung. Wer hier bereits Fehler macht, wird Schwierigkeiten haben, die Lektion zu retten. Also: Zunächst einen Schritt nach vorn reiten wollen. Sobald das Pferd die Vorwärtshilfe annimmt, es mit einer halben Parade aufmerksam machen und abfangen, es leicht nach innen stellen und es dabei mit der inneren Hand herumführen. Gleichzeitig mit dem

Die einzelnen Phasen einer Hinterhandwendung

inneren Schenkel am Gurt leichten vorwärtstreibenden Druck ausüben und mit dem verwahrend liegenden äußeren Schenkel das Pferd zum Herumtreten auffordern. Dabei den äußeren Zügel ein wenig vorgeben. Durch die Kombination dieser Hilfen wird sich das Pferd um seine Hinterhand wenden.
Wichtig ist es, die Stellung und Biegung so lange zu halten, bis die Wendung beendet ist, man also wieder in Gegenrichtung steht. Damit das Pferd mit seinen Hinterbeinen nicht stehen bleibt, muss der Reiter mit Kreuz und Schenkel immer wieder nach vorne treiben, gleichzeitig mit halben Paraden in Stellung und Biegung diesen Vorwärtsimpuls abfangen und in eine Wendung umwandeln.
Zu viel Handeinwirkung in Verbindung mit zu wenig Schenkelimpuls würde das Pferd zum fehlerhaften Zurücktreten oder zum Stehenbleiben bringen, zu viel Druck mit dem verwahrenden Schenkel bringt ein seitliches Ausweichen oder ein fehlerhaftes Kreuzen der Hinterbeine mit sich.
Am besten ist es, sich die Hinterhandwendung und die Position des Pferdekörpers einmal aufzuzeichnen und sich dann auch mit geschlossenen Augen Stück für Stück bildlich vorzustellen. Dies

Stück für Stück wird das Pferd kontrolliert herumgeführt.

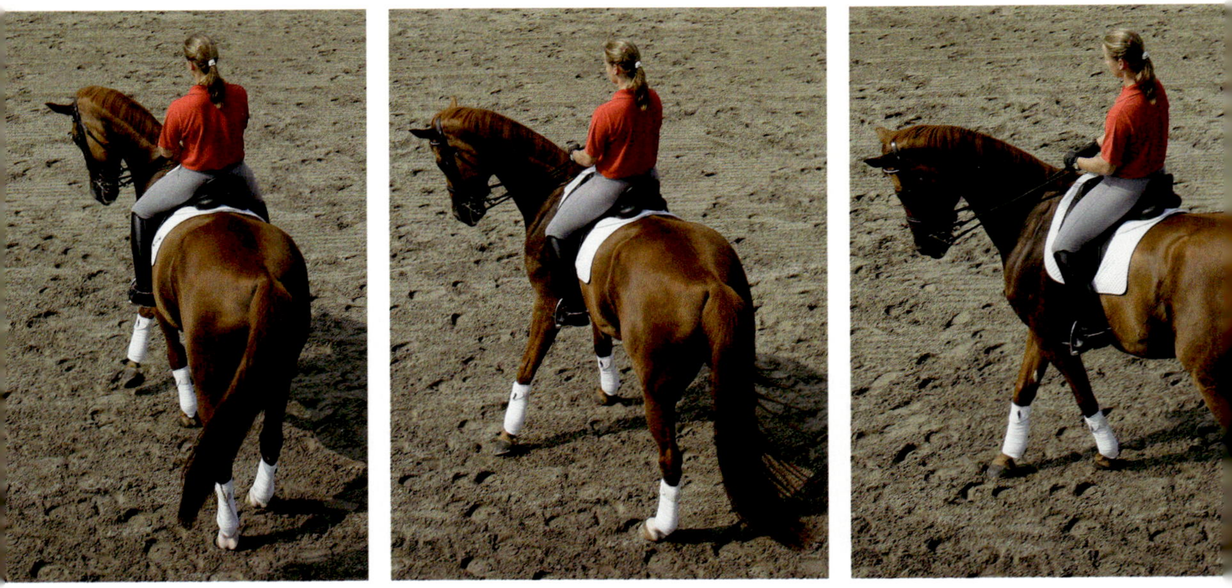

erleichert später die Orientierung in der Wendung und das Zusammenspiel aller notwendigen Hilfen.

ZIEL DER LEKTION Die Hinterhandwendung ist eine versammelnde Lektion, mit der man zum einen auf kleinstem Raum einen Richtungswechsel vornehmen kann. Sie ist darüber hinaus eine gute Koordinations- und Konzentrationsübung für Pferd und Reiter, da bereits kleinste Abstimmungsprobleme zu Fehlern führen können. Das Pferd lernt außerdem, mit seinen Hinterhufen immer unter seinen Schwerpunkt zu treten, was wiederum wichtige Voraussetzung für spätere pferdeschonende Versammlungsarbeit ist. Die Versammlungsfähigkeit lässt sich so verbessern.

BESONDERHEIT Fortgeschrittene Übung; für die Arbeitsphase geeignet; schult Koordination und Tragkraft; Kriterium der L-Dressur, Abkürzung im Protokoll: HHW (Hinterhandwendung).

SKALA-FAKTOR Takt*, Losgelassenheit*, Anlehnung**, Schwung*, Geraderichtung*, Versammlung**.

K

VON „KEHRTVOLTE“ BIS „KURZKEHRT“

Kurzkehrt von oben gesehen

KEHRTVOLTE

Ein offener Kreis mit sechs-, acht- oder zehn Metern Durchmesser, der ab der Hälfte nicht kreisförmig zum Ausgangspunkt zurückführt, sondern tropfenförmig in einer Schräge zum Ausgangshufschlag. Eine Kehrtvolte hat immer einen Handwechsel zur Folge.

SO SOLL ES AUSSEHEN Eine Kehrtvolte besteht aus mehreren Einzelteilen dem ⇢ Abwenden, einer halben ⇢ Volte, dem Geradestellen und dem abschließenden Um- und wieder Geradestellen. An sich kann eine Kehrtvolte an jeder beliebigen Stelle geritten werden, doch sollte man sich gleich von Anfang an daran gewöhnen, sie exakt an einem Bahnpunkt zu platzieren, so, wie es später auch in den Dressuraufgaben verlangt wird. Wird sie in der zweiten Ecke einer langen Seite angelegt, spricht man von ⇢ „Aus der Ecke kehrt“. Ist die Kehrtwendung korrekt eingeteilt, würde ein auf den Bahnpunkt gefälltes Lot die Lektion in zwei Hälften teilen. Das heißt für den Reiter, dass er nach einer halben in Innenstellung und Biegung gerittenen ⇢ Volte, die an dem imaginären Lot endet, Stellung und Biegung aufgibt und geradegerichtet auf einer Diagonalen etwa in einem 45-Grad-Winkel zum Hufschlag zurückreitet. Erreicht der Kopf des Pferdes den Hufschlag, wird kurz nach innen umgestellt, um dem Pferd die abschließende flache Wendung auf den Hufschlag zu erlauben. In jeder dieser einzelnen Phasen soll das Pferd natürlich sicher an den Hilfen stehen.

DIE HÄUFIGSTEN FEHLER Abwenden zu früh/zu spät; erste Hälfte nicht rund; ausweichende Hinterhand; herumgezogen; zu steil/ zu flach zum Hufschlag zurück; traversartig zum Hufschlag; beim Abwenden eng werdend.

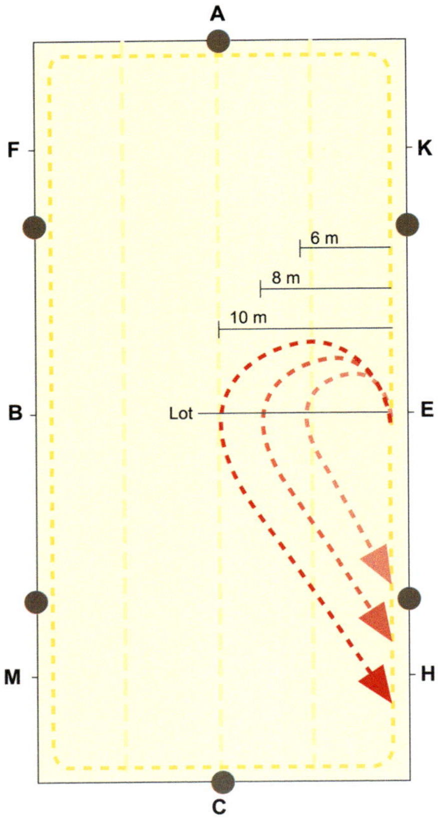

Kehrtvolten können an jedem beliebigen Bahnpunkt geritten werden.

RICHTIGE HILFEN, FEHLER VERMEIDEN Das Reiten einer korrekten Kehrtvolte erfordert Konzentration, ein wenig Geschick, räumliches Vorstellungsvermögen und eine sichere Abfolge der notwendigen Hilfen. Im Einzelnen sind das: Kurz vor dem angepeilten Wendepunkt gibt der Reiter eine halbe Parade am äußeren Zügel, um sein Pferd aufmerksam zu machen. Gleichzeitig gibt er ihm mit dem inneren, bereits etwas nachgefassten Zügel schon ein wenig Innenstellung, die dann am Punkt des Abwendens noch verstärkt wird. Der innere Schenkel liegt am Gurt, der äußere gleitet beim Abwenden leicht hinter den Gurt. Der äußere Zügel wird in dem Umfang nachgegeben, in dem mit dem inneren Zügel Stellung verlangt wird. Der Reiter muss darauf achten, dass Stellung und Biegung gleichmäßig sind, denn nur dann kann der erste Teil der Kehrtvolte auf einem gleichmäßig runden Bogen in Längsbiegung geritten werden. Nimmt das Pferd die Stellung und Biegung an, muss die innere Hand sofort wieder ein wenig vor gehen, also „weich werden", damit das innere Hinterbein nicht blockiert und das Pferd nicht bloß herumgezogen wird. Ausgangs der ersten Volten-Hälfte gibt der Reiter die Innenstellung langsam wieder auf und lässt seinen äußeren Schenkel wieder in die Ausgangsposition am Gurt gleiten, so dass sich das Pferd geraderichtet. In dieser Haltung wird die Diagonale zurück zum Hufschlag geritten, wo beim Erreichen erneut am äußeren Zügel eine halbe Parade gegeben und mit der inneren Hand leicht nach innen gestellt wird.

Dieses letzte Umstellen ist ganz sachte vorzunehmen, da sich das Pferd ja bereits in einem recht flachen Winkel dem Hufschlag nähert. Würde man gar nicht umstellen, würde man – theoretisch – durch die Bande hindurch reiten und die Halle/das Viereck verlassen. Sobald auch die Hinterhand des Pferdes wieder auf dem Hufschlag ist, werden sämtliche stellenden und biegenden Hilfen aufgegeben und es wird wieder geradeaus geritten.
Manche Pferde neigen – vor allem im Galopp – dazu, sich beim diagonalen Zurückreiten auf den Hufschlag traversartig zu verschieben. Hiergegen hilft ein wenig mehr vorwärts reiten und im Training auch mal ein paar Tritte bzw. Sprünge leicht in Gegenrichtung stellen, also nicht Richtung Hufschlag, sondern Richtung Bahnmitte. Auf diese Weise sollte sich das Pferd wieder geraderichten.

ZIEL DER LEKTION Kehrtvolten im Trab werden im Allgemeinen nur in niedrigeren Prüfungsklassen verlangt und dienen zur Überprüfung der reiterlichen Hilfengebung und der Durchlässigkeit des Pferdes. Beim Abteilungsreiten bringen sie außerdem einen Tetenwechsel mit sich. Kehrtvolten im Galopp, ab L verlangt, sind eine Möglichkeit, in den Außengalopp zu gelangen.
Wie mit allen Wendungen lässt sich das Pferd mit ihnen auch gymnastizieren. In der Arbeit können sie darüber hinaus als Vorstufe zu den Arbeitspirouetten genutzt werden, die später dann ihre Vollendung in Galopppirouetten finden. Insgesamt gesehen fördern Kehrtvolten – sowie alle Lektionen auf gebogenen Linien – die seitliche Beweglichkeit des Pferdes und die vermehrte Lastaufnahme des inneren Hinterbeins.

BESONDERHEIT Grundlagenübung; reitbar in den versammelten und Arbeits-Tempi aller Grundgangarten; schult Koordination, laterale Beweglichkeit und Tragkraft; Abkürzung im Protokoll: KV (Kehrtvolte).

SKALA-FAKTOR Takt*, Losgelassenheit*, Anlehnung*, Schwung*, Geraderichtung*, Versammlung*.

KONTER-SCHULTERHEREIN

Ein nicht auf dem Hufschlag, sondern auf der Viertellinie oder dem zweiten Hufschlag gerittenes ⇢ Schulterherein mit Blick zur Bande.

SO SOLL ES AUSSEHEN Das Konter-Schulterherein ist im Gegensatz zum „normalen“ ⇢ Schulterherein keine Prüfungs-Lektion, sondern eine reine Trainingsübung. Trotzdem soll es genauso taktsauber und flüssig geritten werden, wobei das Pferd innen gestellt und um den inneren Schenkel gebogen ist. Im Unterschied zum herkömmlichen Schulterherein wird es aber nicht auf dem Hufschlag mit Blick zur Bahnmitte geritten, sondern auf einer parallelen Hufschlaglinie mit Blick zur Bande. Dadurch könnte man es – vor allem, wenn es unkorrekt ausgeführt wird – auf den ersten Blick mit dem ⇢ Schenkelweichen oder dem ⇢ Travers verwechseln. Theoretisch kann das Konter-Schulterherein in jeder der drei Grundgangarten geritten werden, den meisten Sinn macht es aber im Trab. Im Galopp sollte man vorzugsweise Konter-Schultervor (vgl. ⇢ Schultervor) reiten.

In diesem Konter-Schulterherein müsste die Vorhand noch besser auf die Hinterhand eingestellt werden, so dass von vorne nur noch drei Beine zu sehen wären.

DIE HÄUFIGSTEN FEHLER Taktstörungen; Schwungverlust; wenig Fleiß; zu starke Abstellung; wenig/keine Längsbiegung; ausweichende Hinterhand; im Genick verworfen.

RICHTIGE HILFEN, FEHLER VERMEIDEN Will der Reiter ein Konter-Schulterherein reiten, geht er zunächst auf eine parallele Linie zum Hufschlag. Dann fasst er den bisherigen äußeren Zügel, der nun der innere wird, etwas nach, belastet ein wenig mehr seinen nun neuen inneren Gesäßknochen und gibt mit der Hand die Stellung vor. Die neue äußere Hand gibt entsprechend etwas nach und erlaubt so dem Pferd die notwendige Dehnung der äußeren Muskulatur und verhindert ein Verwerfen im Genick. Der äußere Zügel darf aber nicht zu weit vorgehen, denn dann würde das Pferd über seine äußere Schulter ausweichen. Sobald das Pferd die Stellung angenommen hat, muss die innere Hand wieder „leicht“ werden, damit das innere

Hinterbein nicht blockiert wird, sondern weit unter den Schwerpunkt treten kann, und das Pferd an den äußeren Zügel herantritt. Gleichzeitg mit den Gewichts- und Zügelhilfen müssen die Schenkelhilfen eingesetzt werden. Dazu gleitet der neue innere Schenkel ein wenig hinter den Gurt. Er treibt das Pferd vorwärts-seitwärts und bringt es im Zusammenspiel mit dem äußeren Schenkel in die erforderliche Längsbiegung. Der äußere Schenkel treibt das äußere Hinterbein und fordert es zum Vortreten auf.
Beendet wird das Konter-Schulterherein, indem der Reiter die Stellung aufgibt, beide Schenkel wieder in die Ausgangslage gleiten lässt und die Vorhand des Pferdes wieder auf die Linie führt, auf der momentan geritten wird. Genau wie die Einleitung soll auch das Ausklingen der Lektion geschmeidig und ohne viel Handeinsatz ablaufen. Problemen mit Takt- und Schwungverlust begegnet man am besten mit einer leichten Erhöhung des Tempos. Reicht dies nicht, sollte man wieder ein paar Meter geradeaus reiten und dann neu ansetzen. Gelingt das Konter-Schulterherein auf der geraden Linie, lässt es sich auch auf gebogenen Linien wie den Ecken oder einem Mittelzirkel reiten. Dies stellt allerdings eine deutliche Erhöhung des Schwierigkeitsgrades dar, da der Reiter in der Lage sein muss, die Hinterhand des Pferdes ganz präzise auf der Linie zu halten.

ZIEL DER LEKTION Mit dem Konter-Schulterherein lässt sich hervorragend die gleichmäßige Geschmeidigkeit und die Durchlässigkeit eines Pferdes überprüfen. Die Übung gibt darüber Auskunft, inwieweit das Pferd auf beiden Händen tatsächlich sicher an den äußeren Zügel herantritt. Die bezüglich Längsbiegung reduzierte Variante Konter-Schultervor ist eine gute Übung zur Verbesserung des Außengalopps.

BESONDERHEIT Fortgeschrittene Übung; Schwierigkeitsgrad steigerbar; schult laterale Beweglichkeit und Tragkraft.

SKALA-FAKTOR Takt*, Losgelassenheit*, Anlehnung*, Schwung**, Geraderichtung***, Versammlung***.

KURZKEHRT(WENDUNG)

Eine 180-Grad-Wendung um die Hinterhand, bei der das Pferd – nach innen gestellt und gebogen – aus dem Mittelschritt oder Trab kommend mit den Vorderbeinen einen möglichst kleinen Kreisbogen um die stetig abfußenden Hinterhufe beschreibt und nach dem Richtungswechsel im Mittelschritt oder Trab weitergeht.

Im Kurzkehrt tritt das Pferd aus dem Schritt heraus um seine Hinterhand.

SO SOLL ES AUSSEHEN Ein Kurzkehrt ist quasi eine aus dem Mittelschritt oder Trab gerittene ⇢ Hinterhandwendung. Sie soll genauso „auf dem Teller" platziert werden, sprich: In der Wendung treten die Vorderbeine um die Hinterbeine herum, die einen möglichst kleinen Kreisbogen (wie auf einem Teller) beschreiben, bis das Pferd in Gegenrichtung steht. Dabei ist es auch im Kurzkehrt um den inneren Reiterschenkel gebogen und in die Bewegungsrichtung, hier also nach innen, gestellt. Der Übergang vom Schritt/Trab in die Wendung und in den Schritt/Trab aus der Wendung heraus soll fließend sein.

DIE HÄUFIGSTEN FEHLER Stockung bei der Einleitung, seitliches Ausweichen der Hinterhand bei der Einleitung; kreuzende Hinterbeine; Stehenbleiben (ein- oder mehrfaches Haften eines Hinterbeins); Drehen (dauerhaftes Haften beider Hinterbeine); Zurücktreten; zu groß; seitlich ausweichend in der Wendung; zu wenig gestellt und gebogen; falsch gestellt und gebogen; Stellung und Biegung zu früh aufgegeben; gegen die Hand; Mittelhandwendung; stockend nach der Wendung.

RICHTIGE HILFEN, FEHLER VERMEIDEN So wie bei der Hinterhandwendung ist auch beim Kurzkehrt die richtige Einleitung sehr wichtig. Immerhin kommt man hier aus einer reinen Vorwärtsbewegung (mit dem großen Raumgriff und Übertritt des Schritts bzw. dem Schwung des Trabes) in eine deutlich zurückgenommene, zentrierte Bewegung, bei der die Hinterbeine mehr auf- als vorwärts treten sollen. Kurzkehrt wird aus dem Mittelschritt und aus dem Trab geritten.

Hierbei ist es hilfreich, kurz vor der Wendung das Tempo durch eine halbe Parade am äußeren Zügel etwas zurückzunehmen und dabei das Pferd bereits leicht nach innen zu stellen, um ihm die Wendung zu erleichtern. Sobald es Stellung und Zurücknahme angenommen hat, wird es, wie bei der Hinterhandwendung, mit der inneren Hand herumgeführt. Dabei muss mit dem inneren Schenkel am Gurt leichter vorwärtstreibender Druck ausgeübt und mit dem verwahrenden äußeren Schenkel zum Herumtreten aufgefordert werden, während die äußere Hand den Zügel ein wenig vorgibt. Stellung und Biegung werden so lange gehalten, bis die Wendung beendet ist, das Pferd also in Gegenrichtung angekommen ist. In diesem Moment wird die Stellung aufgegeben, die Schenkel gleiten in ihre Ausgangsposition an den Gurt zurück und treiben beide gleichzeitig nach vorne, so dass die Bewegung erhalten bleibt und das Pferd sofort wieder im Schritt bzw. Trab weitergeht. Auch beim Kurzkehrt würde zu viel Handeinwirkung in Verbindung mit zu wenig Schenkeleinsatz das Pferd zum fehlerhaften Zurücktreten oder zum Stehenbleiben bzw. Stocken bringen. Genau wie bei der Hinterhandwendung hilft es auch beim Kurzkehrt, sich die gesamte Lektion mit geschlossenen Augen bildlich vorzustellen.

ZIEL DER LEKTION Siehe → Hinterhandwendung. Darüber hinaus können durch das Erarbeiten von Kurzkehrts auch Tempounterschiede im Schritt verfeinert werden, da das Pferd lernt, im Schritt auf Hilfe vermehrt Last aufzunehmen und dabei im Hinterbein aktiv zu bleiben. Kurzkehrts aus dem Trab verfeinern die Einwirkung des Reiters.

BESONDERHEIT Fortgeschrittene Lektion; reitbar aus dem Mittelschritt oder dem Trab; in Klasse L gefordert; schult Koordination, laterale Beweglichkeit und Tragkraft; Abkürzung im Protokoll: KKV (Kurzkehrtwendung).

SKALA-FAKTOR Takt*, Losgelassenheit*, Anlehnung**, Schwung*, Geraderichtung*, Versammlung**.

Hoher Anspruch

„Kurzkehrts sind, genau wie Schrittpirouetten, sowohl für die Ausbildung von Reitern als auch von Pferden überaus wertvoll. Sie gehören zu den aussagekräftigsten Lektionen. Wenn ich mich als Reiter mit einem fremden Pferd vertraut machen möchte, kann ich schon durch das Reiten von Kurzkehrtwendungen sehr schnell eine Menge über seine Veranlagung und seinen Ausbildungsstand herausfinden. Als Trainer finde ich mit dieser Lektion schnell heraus, wie es um die Reittechnik eines neuen Schülers bestellt ist. Der reiterlich hohe Anspruch von Schrittpirouetten wird durch ihre Verwandtschaft mit den Galopp-Pirouetten unterstrichen. Wer gelernt hat, Schrittpirouetten korrekt zu reiten, wird in der weiteren Ausbildung auf einem geeigneten Pferd auch sehr schnell in der Lage sein, Galopp-Pirouetten zu reiten."

MICHAEL PUTZ
16 Jahre Leiter der Westfälischen Reit- und Fahrschule Münster, Buchautor, Mitautor der FN-Richtlinien für Reiten und Fahren, Bd. 1 und 2.

L

VON „LÄNGSBIEGUNG“ BIS „LOBEN“

Loben – eine Selbstverständlichkeit

LÄNGSBIEGUNG

Die Kombination von Stellung und Rippenbiegung des Pferdes.

SO SOLL ES AUSSEHEN Längsbiegung ist weder eine Lektion noch eine Übung. Sie ist vielmehr ein Zustand, den ein Pferd in verschiedenen Momenten unter dem Reiter erreichen soll. Da sie für so viele Übungen und Lektionen aber von grundlegender Bedeutung ist, soll sie an dieser Stelle mit aufgenommen und erklärt werden.
Ein in Längsbiegung gehendes Pferd ist in seiner Körperlängsachse auf die gebogene Linie eingestellt, auf der es sich bewegt. Das heißt, würde man von oben auf ein in korrekter Längsbiegung gehendes Pferd blicken, würde sich gleich viel „Körpermasse" rechts und links seiner Längsachsenlinie befinden. Der Grad der Längsbiegung richtet sich dabei nach Neigung und Größe des Bogens. Auf einem großen Bogen wie einem ⇢ Zirkel ist die Längsbiegung geringer, in einer ⇢ Volte von sechs Metern Durchmesser ausgeprägter. Ein in Längsbiegung gehendes Pferd tritt an den äußeren Zügel heran.

DIE HÄUFIGSTEN FEHLER Zu wenig Längsbiegung; keine Längsbiegung; ausweichende Hinterhand; ausfallende Schulter; gegen den inneren Reiterschenkel; zu viel Abstellung im Hals; im Genick verworfen; am inneren Zügel herumgezogen.

RICHTIGE HILFEN, FEHLER VERMEIDEN Obwohl Längsbiegung weder Lektion noch Übung ist, ist sie durch richtige Hilfengebung zu erreichen. Dazu stellt man sich am besten vor, die Längsachse des Pferdes vom Genick bis zum Schweif sei ein massives, in sich aber auch leicht elastisches Stück Draht. Um diesen Draht nun zu biegen, muss man Anfang- und Endpunkt einander nähern. Das gelingt aber nur, wenn sich in der Mitte des Drahtes ein Widerstand – vielleicht

Gut zu sehen: Das Pferd ist seiner Längsachse nach in sich gebogen.

ein Zaunpfahl? – befindet, der den Drehpunkt bildet, um den sich der Draht biegt. Beim Reiten ist dieser Drehpunkt der innere Schenkel. Er liegt am Gurt und übernimmt die Funktion des Zaunpfahls. Mit dem inneren Zügel wird der Kopf des Pferdes (Drahtanfang) nach innen genommen, mit dem äußeren, verwahrend hinter dem Gurt liegenden Schenkel die Hinterhand (Drahtende). Alle drei Komponenten – Innenzügel, Außenschenkel und Innenschenkel – sind also Voraussetzung für Längsbiegung. Fehlt eine, ist keine Längsbiegung möglich, ebenso wenig, wenn eine davon zu extrem eingesetzt wird. Wer sein Pferd also biegen möchte, muss immer an das Zusammenspiel dieser Hilfen denken.

Auch beim Abwenden soll ein Pferd längs gebogen sein.

ZIEL DER LEKTION Längsbiegung ist Voraussetzung für das Funktionieren von vielen Lektionen. Nur wenn sie gegeben ist, ist das Pferd in der Lage, gleichmäßig an beide Zügel heranzutreten (Anlehnung), auf Dauer spurgenau zu fußen (Geraderichtung) und den gewünschten Schwung und später auch ⇢ Versammlung zu erreichen. Ein sich auf gebogenen Linien in Längsbiegung bewegendes Pferd kann sich besser ausbalancieren und entlastet dadurch auch seinen Sehnen- und Knochenapparat.

BESONDERHEIT Voraussetzung für pferdeschonendes Reiten; Voraussetzung für viele Lektionen; schult laterale Beweglichkeit.

SKALA-FAKTOR Takt*, Losgelassenheit*, Anlehnung**, Schwung**, Geraderichtung***, Versammlung**.

LEICHTTRABEN

Eine spezielle Sitzform zum Lösen und Entspannen des Pferderückens, bei der der Reiter im Takt des Trabes im Sattel abwechselnd einsitzt und aufsteht.

SO SOLL ES AUSSEHEN Genau wie beim ⇢ Aussitzen soll sich der Reiter beim Leichttraben in der Balance mit seinem Pferd befinden, um es durch seinen Sitz nicht zu stören. Dabei steht er – unterstützt von Steigbügeln, Waden und Knien – immer in dem Moment auf, in dem der innere Hinterfuß des Pferdes nach vorn schwingt. Da der Trab eine diagonale Bewegung ist, kann sich der Reiter, sollte er nicht spüren, ob er auf dem „richtigen Fuß“ trabt, auch am äußeren Vorderbein orientieren. Geht es vor, hebt der Reiter sein Gewicht aus dem Sattel. Die Bewegung des Leichttrabens soll vom Reiter bei leichter Körperspannung aktiv und kontrolliert durchgeführt werden und sich geschmeidig der Bewegung des Pferdes anpassen. Bei Handwechseln muss „umgesessen“ werden. Dazu bleibt der Reiter einmal mehr sitzen, so dass er auf der neuen Hand wieder dann aufsteht, wenn das innere Hinterbein des Pferdes vorschwingt.

Beim Leichttraben wird abwechselnd aufgestanden und eingesessen.

DIE HÄUFIGSTEN FEHLER „Falscher Fuß“ (der Reiter steht auf, wenn das äußere Hinterbein vorschwingt); zu hohes Aufstehen; zu wenig Körperspannung (Reiter lässt sich passiv aus dem Sattel katapultieren); gegen den Takt.

RICHTIGE HILFEN, FEHLER VERMEIDEN Da das Leichttraben eine Sitzform und keine echte Lektion ist, gibt es an sich keine speziellen Hilfen zum Leichttraben. Trotzdem kann und sollte man richtiges Leichttraben üben. Denn „falsches Leichttraben“ kann den Bewegungsablauf eines Pferdes empfindlich stören. Gegen zu hohes und aufwändiges Leichttraben und gegen zu wenig Körperspannung hilft Leichttraben ohne Bügel. Eine schöne Übung zur Balance- und Koordinationsverbesserung ist auch das arhythmische Leichttraben. Dabei wird nicht nur im Rhythmus auf-ab-auf-ab-auf-ab getrabt, sondern auch mal auf-ab-auf-auf-ab-ab-auf (beliebig variierbar). Erfahrene Reiter mit guter Körperbeherrschung schaffen das Leichttraben sogar ohne Sattel.

ZIEL DER LEKTION Leichttraben dient zur Überprüfung der reiterlichen Koordination und Balance. Darüber hinaus wird es gerade in den Löse- und Entspannungsphasen eingesetzt, da es den noch unaufgewärmten bzw. bereits ermüdeten Pferderücken entlastet. Je besser ein Pferd gearbeitet und trainiert und je stärker somit seine

Rückenmuskulatur ist, desto kürzer können die Phasen des Leichttrabens gestaltet werden. Aus diesem Grund werden auch junge Pferde zunächst in erster Linie leichtgetrabt, da sie noch nicht über ausreichend trainierte Rückenmuskeln verfügen. Zu frühes → Aussitzen auf einem noch verspannten Pferderücken erschwert dem Reiter das mitschwingende Sitzen und führt damit zu weiteren Verspannungen bei Pferd und Reiter.

BESONDERHEIT Sitzform im Trab; vor allem in der Löse- und der Entspannungsphase einsetzbar.

SKALA-FAKTOR Takt**, Losgelassenheit**, Anlehnung, Schwung*, Geraderichtung, Versammlung.

LOBEN

Belohnen des Pferdes über positive Verstärkung mittels Stimme, Tätscheln mit der Hand oder Leckerli-Gabe.

SO SOLL ES AUSSEHEN Loben ist keine Lektion. Loben ist keine Übung. Loben ist eine Selbstverständlichkeit. Oder sollte es zumindest sein. Wie es aussehen soll, kann jeder Reiter für sich entscheiden.

DIE HÄUFIGSTEN FEHLER Zu selten oder gar nicht.

RICHTIGE HILFEN, FEHLER VERMEIDEN Zwar gibt es fürs Loben keine Hilfengebung, trotzdem kann es sinnvoll sein, ein paar Dinge zu beachten und zu verinnerlichen. Loben mit Stimme beispielsweise ist etwas für zu Hause. In Prüfungen ist es verboten und kann mit Punktabzug bestraft werden. Loben mit Leckerlis ist ebenfalls etwas fürs Training oder für danach. Lediglich das „Tätscheln" kann man sowohl zu Hause also auch auf dem Turnier einsetzen, bei Letzterem allerdings unauffälliger und reduzierter. Hier sollte ein kurzes Berühren des Pferdehalses in Höhe der Schulter genügen. Im Training dagegen darf der Reiter nach gelungenen Lektionen – egal ob

bei neu erlernten oder bereits beherrschten – sein Pferd ruhig mal bestätigend am Hals oder seitlich hinter dem Sattel klopfen. Dies bringt nicht nur dem Pferd Entspannung, sondern auch dem Reiter – was sich wieder positiv aufs Pferd überträgt.

ZIEL DER LEKTION Es ist nicht nur was für zarte Gemüter, es ist inzwischen auch wissenschaftlich bewiesen: Positive Verstärkung, sprich Lob fördert den Lernerfolg besser und nachhaltiger als negative Verstärkung, sprich Strafe. Hier machen auch Pferde keine Ausnahme. Loben fördert die Losgelassenheit, eine der Grundpfeiler der Ausbildungsskala.
Wer im Umgang mit seinem Pferd und bei der Ausbildung schneller vorwärts kommen will, sollte – natürlich neben konsequentem Verhalten und reiterlichem Können – auf Loben setzen.

BESONDERHEIT Selbstverständlichkeit.

SKALA-FAKTOR Takt*, Losgelassenheit***, Anlehnung, Schwung, Geraderichtung, Versammlung.

Positiv Lernen

Lob lässt jeden – egal ob Pferd, ob Mensch – schneller und nachhaltiger lernen als Strafe. Durch Strafe baut sich nur Angst auf, die zu körperlicher und psychischer Verspannung führt und Lernen verhindert. Macht ein Pferd in der Arbeit Fehler, beruht dies meist auf Verständnis- oder Verständigungsschwierigkeiten. Man sollte den Fehler ignorieren, die Lektion wiederholen und gegebenenfalls seine eigene Hilfengebung überprüfen (ist sie eindeutig und konsequent genug?). Gelingt die Lektion dann, muss gelobt, also positiv verstärkt werden. Strafe darf es nur auf offensichtlich unerwünschtes Verhalten wie Beißen oder Schlagen geben – und auch dann nur pferdgerecht und in Maßen.
Als Lehrmittel ist Strafe gänzlich unbrauchbar!

M

VON „MITTELGALOPP" BIS „MITTELTRAB"

Mittelgalopp

MITTELGALOPP

Erweitertes Tempo im Galopp, bei dem das Pferd vorwärts aufwärts über möglichst viel Boden springt.

SO SOLL ES AUSSEHEN Egal ob Schritt, Trab oder Galopp – wichtigstes Charakteristikum aller Grundgangarten und Tempi ist der Takt. Im Fall des Galopps ist es der Dreitakt, der immer klar erkennbar sein muss, so auch im Mittelgalopp. Der soll darüber hinaus in der Tendenz bergauf und über möglichst viel Boden – mehr als im Arbeits- und versammelten Tempo – und gerade gesprungen werden. Das Pferd dehnt sich in einem korrekten Mittelgalopp etwas mehr an die Reiterhand heran, ein Vorgang, der „Rahmenerweiterung" genannt wird.

DIE HÄUFIGSTEN FEHLER Flach, eilig, über wenig Boden; auf der Vorhand; stürmend; gegen die Hand; schief (auf zwei Hufschlägen).

RICHTIGE HILFEN, FEHLER VERMEIDEN Alle verstärkten Tempi, also auch der Mittelgalopp, werden genau von Punkt zu Punkt geritten, wobei die → Übergänge vor und nach der Verstärkung klar markiert werden sollen. Für den Reiter heißt das, dass er nach Durchreiten der Ecke (Mittelgalopp wird meist an der langen Seite oder auf der Diagonalen verlangt) mit Kreuz und Schenkeln vermehrt nach vorwärts treibt und dabei gerade so viel mit den Händen nachgibt, dass das Pferd seinen Galoppsprung vergrößern kann, ohne einfach nach vorn wegzulaufen. Während des Mittelgalopps „schiebt" der Reiter mit seinem Gesäß im Takt des Galoppsprungs von hinten nach vorn durch den Sattel und unterstützt so die Tempoverstärkung aus der Hüfte heraus. Ein zu aufwändiges Schieben führt jedoch zu einem unruhigen Oberkörper, was zum einen wenig elegant aussieht, zum anderen die Bewegung des Pferdes stört.

ZIEL DER LEKTION Der Mittelgalopp erlaubt eine größere Schwungentfaltung als der versammelte oder der Arbeitsgalopp und baut so auch aufkommenden Verspannungen und „Klemmigkeit“ vor. Auch zwischenzeitlich auftretende Taktprobleme lassen sich durch das Abfragen von Mittelgalopp meist wieder abstellen. Aus diesem Grund sollte er immer wieder in das Training eines Pferdes mit eingebaut werden. Durch den häufigen Wechsel von Mittelgalopp zu Arbeits- oder versammeltem Galopp wird das Pferd außerdem gut gymnastiziert, da es beim Zurücknehmen mehr Last mit den Hinterbeinen aufnehmen (Verbesserung der Tragkraft), beim Zulegen dagegen mehr Druck nach vorn aus der Hinterhand entwickeln muss (Verbesserung der Schubkraft) – Voraussetzung für eine gut durchgesprungene und ausdrucksvolle Galoppade.

BESONDERHEIT Grundlagenlektion; ab Dressurpferde-L bzw. A-Dressur verlangt; schult die Schubkraft; Abkürzung im Protokoll: MG (Mittelgalopp).

SKALA-FAKTOR Takt**, Losgelassenheit**, Anlehnung**, Schwung**, Geraderichtung, Versammlung.

Ein über viel Boden und gut aufwärts gesprungener Mittelgalopp

MITTELSCHRITT

Das „mittlere“ Tempo im Schritt, bei dem die Hinterhufe des Pferdes über die Spur der weit nach vorne tretenden Vorderhufe hinüberreichen sollen.

SO SOLL ES AUSSEHEN Im Mittelschritt muss zunächst einmal der Takt stimmen, im Schritt ist dies der Viertakt. Ein guter Mittelschritt ist darüber hinaus gekennzeichnet durch Fleiß, Raumgriff und Übertritt. Das Pferd soll sich also nicht mit langen, latschenden Schaukelschritten nach vorn bewegen, sondern energisch vom Boden abfußend fleißig vorwärts schreiten. Dabei soll es an den Hilfen stehen, den Hals ein wenig fallen lassen und so an die Reiterhand herantreten, dass seine Nase eine Tendenz nach vorn hat. Nur in dieser Haltung ist es dem Pferd möglich, aus der Schulter heraus über den Rücken zu schreiten und dabei möglichst weit vorfußende Schritte mit Vorder- und Hinterbeinen zu absolvieren.

DIE HÄUFIGSTEN FEHLER Im Takt gestört (kein klarer Viertakt); passartig; Pass; eilig; gebunden (nicht genügend aus der Schulter he-raus); wenig/kein Übertritt (Hinterhufe spuren nur knapp in die Spur der Vorderhufe ein); ungleich (Schrittfolge kurz-lang); zackelnd; wenig Fleiß; nicht über den Rücken; nicht sicher in der Anlehnung; über dem Zügel; wenig Dehnung; eng im Hals.

RICHTIGE HILFEN, FEHLER VERMEIDEN Gerade das Schrittreiten ist eine Kunst, denn hier können sich jede Menge Fehler einschleichen. Da diese anfangs vom unerfahrenen Reiter oft gar nicht gefühlt und damit nicht bemerkt werden, manifestieren sie sich schnell und sind dann so einfach nicht wieder abzustellen. Das Problem: Der Schritt ist, im Gegensatz zu Trab und Galopp, eine schwunglose Gangart. Und so ist es denn auch nicht möglich, bei Fehlern wie „wenig Fleiß“, „gebunden“ oder aber „unstete Anlehnung“ zur Korrektur einfach mal ein wenig Schwung zu holen. Im Schritt muss die Hilfengebung des Reiters aus diesem Grund noch viel besser aufeinander abgestimmt sein als in allen anderen Grundgangarten.

Nickbewegung

Die natürliche Nickbewegung eines Pferdes ist umso stärker, je größer der Raumgriff im Schritt ist, da sich hier seine Schulterblätter (und damit auch sein Halsansatz)am meisten auf und ab bzw. vor bewegen. Auch die Balance eines Pferdes wirkt sich auf die Nickbewegung aus. Ein unausbalanciertes junges Pferd hat meist eine deutlichere Nickbewegung als ein ausbalanciertes, älteres Pferd, da es seinen Hals noch als Balancierstange benötigt. Daraus resultiert also ganz logisch, dass das Nicken bei Verkürzen der Schritte, also ansteigender Versammlung – die korrekt ja nur von einem ausbalancierten Pferd absolviert werden kann – geringer ist.

Das heißt, das Zusammenspiel zwischen Hand, Kreuz und Schenkeln muss stimmen. Dazu muss der Reiter vollkommen im Gleichgewicht sein und sich zunächst einmal der Schrittbewegung seines Pferdes anpassen, mit seinem Körper also „mitgehen". Dieses Mitgehen setzt sich bis in die Reiterhände fort, die die natürliche Nickbewegung des Pferdekopfes im Schritt – hervorgerufen durch das (hoffentlich) weite Vortreten der Vorderbeine und die dabei entstehende Bewegung der Schultern – erlauben. Die Hände sollen also nicht starr feststehen und auch nicht unaufhörlich in Bewegung sein, sondern im Takt der Nickbewegung leicht vor- und zurückgehen. Das Ganze ist weniger eine echte Bewegung als vielmehr ein „Atmen" der Hände und Unterarme. Auf diese Weise wird das Pferd mit dem Zügel zwar etwas in Haltung gebracht, kann sich aber auch dehnen – Voraussetzung für die Mitarbeit der Hals- und Rückenmuskulatur.

Wirkt der Reiter dagegen fehlerhaft mit einer starren Hand ein, wird sich das Pferd auf Dauer im Rücken festmachen und früher oder später mit Taktproblemen reagieren. Schon aus diesem Grund ist ein geschmeidiges Mitgehen der Reiterhände außerordentlich wichtig. Unterstützt wird die Schrittbewegung durch vorwärts treibende Reiterschenkel, wobei der Reiter diagonal treibt. Das heißt: In dem Moment, in dem das linke Vorderbein vorgeht, fasst der Reiter mit der rechten Wade vermehrt zu, geht das rechte Vorderbein vor, treibt die linke Wade.

Wenn es gelingt, die treibenden Hilfen von Kreuz und Schenkeln mit den durchstellenden Zügelhilfen optimal zu kombinieren und das Pferd sich mit aufgewölbtem Rücken an die Hand herandehnt, lässt sich ein Mittelschritt in seiner Qualität meist noch verbessern. Taktproblemen entgegnet man im Schritt am besten mit Reiten auf gebogenen Linien. Wichtig ist auch hier, dass Fleiß und Losgelassenheit immer wieder erreicht werden, da mangelnder Fleiß und fehlende Losgelassenheit auch Ursachen für Taktprobleme sein können.

ZIEL DER LEKTION Der Mittelschritt ist das natürlichste Schritttempo, also das Tempo, das auch von jungen Pferden von Natur aus angeboten wird. Aus ihm entwickeln sich im Laufe der Arbeit auch der ⇢ versammelte Schritt und der ⇢ starke Schritt. Nur wenn bereits zu Beginn der Ausbildung auf einen korrekten und guten Mittelschritt Wert gelegt wird, lassen sich später Probleme in anderen Schritt-Tempi verhindern. Außerdem ist der Schritt, also auch der Mittelschritt, immer ein guter Gradmesser für die Korrektheit der Ausbildung, da er Mängel in der Losgelassenheit, der Anlehnung, der Durchlässigkeit und der Rückentätigkeit ziemlich schnell und klar outet.

BESONDERHEIT Grundgangart; sollte jederzeit taktsicher abrufbar sein; Abkürzung im Protokoll: MS (Mittelschritt).

SKALA-FAKTOR Takt, Losgelassenheit**, Anlehnung*, Schwung, Geraderichtung, Versammlung.

Die im Takt der Nickbewegung mitgehende Reiterhand, verbunden mit treibenden Kreuz- und Schenkelhilfen, erlaubt dem Pferd ein weiteres Ausgreifen im Mittelschritt.

MITTELTRAB

Verstärktes Tempo im Trab, bei dem die Hinterhufe des Pferdes über die Spur der weit nach vorne tretenden Vorderhufe hinüberreichen sollen.

SO SOLL ES AUSSEHEN Mitteltrab – eine der beliebtesten Lektionen bei der Kaufentscheidung pro oder contra ein Pferd. Hauptsache eine toller Mitteltrab ist vorhanden, alles andere ist egal. Ist es das wirklich? Natürlich nicht, aber einen spektakulären Mitteltrab erkennt schon der Laie. Und auf Turnieren scheinen sich auch manche Richter davon blenden zu lassen. Dabei ist der Mitteltrab nur ein Mosaikteilchen unter vielen, aus denen sich ein gutes Pferd oder eine schöne Dressurprüfung zusammensetzt.

Der Mitteltrab ist eine Tempoverstärkung. Er soll ausdrucksvoll sein, mit weiten Tritten und so schwungvoll aus aktiven Hinterbeinen über den Rücken gehen, dass der Reiter gut zum Sitzen kommt. Dabei muss in jeder Phase des Mitteltrabs der saubere Zweitakt in gleichmäßiger Abfolge erhalten bleiben.

Im Mitteltrab dehnt sich das Pferd optimalerweise leicht an die Reiterhand, erweitert somit seinen Rahmen, wobei sein Genick –

Ausdrucksvoller Mitteltrab mit aktiv unterschwingendem Hinterbein

wie in fast jeder Lektion – immer höchster Punkt und seine Stirnlinie an oder leicht vor der Senkrechten bleiben soll.

DIE HÄUFIGSTEN FEHLER Mit Taktstörung(en); eilig; laufend; wenig Schub aus der Hinterhand; hinten heraus; hinten breit; Angaloppieren; zu wenig; kaum erkennbar; nicht erreicht.

RICHTIGE HILFEN, FEHLER VERMEIDEN Im Mitteltrab neigen viele Reiter dazu, zu viel zu wollen. Statt in den natürlichen oder ausbildungsabhängigen Möglichkeiten ihres Pferdes zu bleiben, heizen sie vorwärts, koste es was es wolle. Dabei wäre weniger meist mehr, denn eine harmonische Verstärkung wird im Allgemeinen besser bewertet als ein „Überreiten" des Tempos oder bloßes „Strampeln". Das heißt natürlich nicht, dass man immer nur am unteren Limit des Mitteltrabs bleiben soll, sondern nur, dass man ihn seinem eigenen Können und dem des Pferdes anpassen sollte.
Unter korrekter Arbeit lässt sich gerade der Trab, und hier auch der Mitteltrab, durchaus verbessern, da sich die notwendige Schub- und Tragkraft – Voraussetzung für einen ausdrucksvollen Trab – weiterentwickeln (sollten).
Verlangt wird der Mitteltrab ab A-Dressur, bei Junge-Pferde-Aufgaben gar erst ab L. Zuvor spricht man lediglich vom → „Tritte verlängern". Für einen korrekten Mitteltrab muss ein Pferd bereits recht gut ausbalanciert sein.
Als Reiter kann man dem Pferd schon in der Vorbereitung zur Verstärkung helfen, indem man es vor dem Zulegen mit halben Paraden aufmerksam macht, ein wenig zurücknimmt und seine Hinterbeine aktiviert. Letzteres geschieht am besten durch beid- und gleichzeitigen kurzen Druck mit den Unterschenkeln. Die Betonung liegt dabei auf „kurzen Druck", denn mit Quetschen kommt man nicht weiter. Im Gegenteil, die meisten Pferde reagieren darauf eher mit Unwillen und Klemmen. Ein Zufassen der Unterschenkel darf immer nur ein Impuls sein, nie Dauerdruck.
Durch die Vorbereitung auf die Trabverstärkung, die ja im Allgemeinen entweder auf der Diagonalen oder entlang des Hufschlags

Diagonal und parallel

Ein Mitteltrab ist – wie jeder Trab – eine Bewegung in diagonaler Fußfolge. Zumindest sollte sie es sein. Bei genauerem Hinsehen kann man jedoch manchmal erkennen, dass dies vor allem bei extrem spektakulären Trabverstärkungen nicht immer der Fall ist. Der diagonale Ablauf geschieht hier zeitverzögert, was streng genommen einer Taktstörung gleichkommt. Korrekt ist die Verstärkung, wenn sich die diagonalen Beinpaare auch parallel bewegen (siehe auch Foto auf S. 102). Liegen die durch Vorder- und Hinterröhre gezogenen Linien nicht parallel, sondern treffen sie in der Verlängerung aufeinander (meist bei „strampelnden" Vorderbeinen), ist die Verstärkung fehlerhaft.

geritten wird, weiß das Pferd bereits, dass es nun bald mehr nach vorn geht. Doch erst muss die Ecke sorgsam durchritten werden, ein Vorgang, bei dem die Hinterhand ein weiteres Mal mehr unter den Schwerpunkt gebracht wird und damit ebenfalls Teil der Mitteltrab-Vorbereitung ist. Erst wenn das Pferd nach der Ecke wieder vollständig geradegerichtet ist, wird der Mitteltrab durch Handvorgeben und gleichseitiges Treiben begonnen. Durch die Geraderichtung verringert sich das Risiko, dass das Pferd die nun vom Reiter gegebenen vorwärtstreibenden Hilfen mit einer Aufforderung zum Angaloppieren verwechselt. Bei einer gelungenen Mitteltrab-Einleitung „zieht" das Pferd von sich aus nach vorwärts.
Optimal ist es, wenn dieses „Ziehen" (hier ist nicht das „Den-Reiter-aus-dem-Sattel-Ziehen" gemeint) bis zum Ende der Trabverstärkung andauert, denn es ist Zeichen von schwungvoll unter den Körper schiebenden Hinterbeinen. Damit auch die Vorderbeine des Pferdes ausdrucksvoll aus der Schulter heraus nach vorn-oben treten, muss der Reiter während des Mitteltrabs jeden Tritt minimal mit Kreuz und Hand ganz fein abfangen. Gibt er nämlich den Zügel einfach nur vor („Wegschmeißen"), wird das Pferd, je weniger es „auf dem Hinterbein sitzt", also je weniger es in der Lage ist, auch in einer Verstärkung Last aufzunehmen, auseinanderfallen und über die Vorhand eilen. Am Ende des Mitteltrabs wird das Tempo zurückgeführt, das Pferd aufgenommen. Dazu gibt der Reiter bei durchhaltendem Zügel halbe Paraden und treibt gleichzeitig die Hinterhand heran. Aus dem vermehrten Schub der Tempoverstärkung muss wieder vermehrte Tragkraft des verminderten Tempos (Arbeitstrab oder Versammlung) werden, die großen Bewegungen werden verkleinert. In dem Moment, in dem das Pferd die halben Paraden annimmt und zurückkommt, muss der Reiter wieder nachgeben, um den Fluss des Trabs zu erhalten.

ZIEL DER LEKTION Der Mitteltrab erfüllt, wie viele Lektionen, gleich mehrere Aufgaben. Er ist Qualitätsmerkmal, Durchlässigkeitsüberprüfung, Einwirkungsüberprüfung, Entspannungslektion und Gymnastikübung in einem.

Für die dressursportliche Eignung sollteheute schon ein gewisses Maß an Bewegungspotenzial, sprich „Gänge“, vorhanden sein. Ein Mitteltrab muss nicht spektakulär sein, aber zumindest befriedigend. Das Gelingen oder Nicht-Gelingen eines Mitteltrabs sagt einiges über die Durchlässigkeit und das Geritten-Sein eines Pferdes aus. Ein Mitteltrab, der sich aus einem gut schwingenden, losgelassenen Rücken entwickelt, wird immer besser und auch weniger fehlerbehaftet sein als einer, der aus verspannter Muskulatur heraus geritten wird. Bei Letzterem kommt es nämlich viel eher zu Taktstörungen, Schubproblemen und auch Schwierigkeiten bei der Rückführung.

Zur Entspannung kann der Mitteltrab immer dann eingesetzt werden, wenn zuvor über längere Zeit in hoher Versammlung, vielleicht sogar in Piaffe oder Passage, gearbeitet wurde. Ein zwischengeschalteter Mitteltrab lässt die dabei aufgebaute Anspannung (nicht Spannung!) wieder aus dem Körper heraus.

Und nicht zuletzt ist der Wechsel zwischen Mitteltrab und Rückführung, also zwischen Zulegen und Einfangen, durch den Wechsel zwischen Schub- und Tragkraft eine gute gymnastische Übung zur Stärkung der Hinterhand und auch zur Verbesserung der Anlehnung.

BESONDERHEIT Ab Dressurpferde-L und A-Dressur verlangt; schult die Schubkraft; Abkürzung im Protokoll: MT (Mitteltrab).

SKALA-FAKTOR Takt*, Losgelassenheit*, Anlehnung*, Schwung**, Geraderichtung, Versammlung.

Auch das Erscheinungsbild eines Mitteltrabs ist von Pferd zu Pferd unterschiedlich.

P

VON „PARADE“ BIS „PIROUETTE“

Pirouette im Galopp

PARADE

Siehe ⇢ ganze Parade (S. 62), ⇢ halbe Parade (S. 70)

PASSAGE

Der höchste Versammlungs- und Kadenz-Grad im Trab bei längerem Aushalten in der freien Schwebe.

SO SOLL ES AUSSEHEN Die Passage ist eine Lektion der Hohen Schule und entsprechend anspruchsvoll. Sie gehört, ebenso wie die ⇢ Piaffe, zu den Lektionen, die nicht alle Pferde erlernen können, da sie neben einer optimalen Ausbildung auch enorme Kraft sowie spezielle anatomische und physische Voraussetzungen vom Pferd verlangt. In das Passage muss es seine Trabbewegung dahingehend verändern, dass es wenig nach vorn, dafür aber kraftvoll mehr nach oben trabt und zwar bei deutlich gebeugten Hanken und taktmäßig und gerade nach vorwärts-aufwärts federnden Hinterbeinen.
Die Unterarme sollen möglichst bis zur Waagerechten angehoben werden, wobei die diagonal vom Boden federnden Beinpaare den Moment der freien Schwebe länger aushalten. Bei allem soll der Eindruck von kraftvoller Leichtigkeit vermittelt werden. Wer einmal als Reiter versucht, selbst zu Fuß zu „passagieren" – also federnd langsam zu laufen und dabei länger in der Luft zu bleiben – ahnt, welche Kraft und Koordinationsfähigkeit diese Lektion dem Pferd abverlangt, und ist bei der Erarbeitung der Passage künftig vielleicht ein wenig geduldiger.

DIE HÄUFIGSTEN FEHLER Matt; flach; schleppende Hinterhand; nur langsam; Schwebephase kaum/nicht verlängert; nicht bergauf; gerades Vorderbein; hinten ungleich; nicht genügend gewinkelt; hinten heraus; eng im Hals; hinter der Senkrechten; mit festgehaltenem

Rücken; nur Spanntritte; Schweifschlagen; schwankend; mit aufwändiger Hilfengebung; Gerteneinsatz.

RICHTIGE HILFEN, FEHLER VERMEIDEN Einleitend sei hier gesagt, dass die Passage eine Lektion ist, die nicht nur wenige Pferde erlernen, sondern auch nicht alle Reiter. Denn sie erfordert viel Erfahrung, viel Können und viel Gefühl. Mit falschen oder groben Hilfen kann man ein Pferd schnell überfordern und auf Dauer verderben. Wer selbst noch nicht ganz so sicher ist, sollte deshalb tunlichst die Finger davon lassen oder – sofern die Möglichkeit besteht – seine ersten Erfahrungen auf einem in der Passage bereits sicher ausgebildeten Pferd machen.

Die Hilfengebung zur Passage beginnt wieder, wie eigentlich jede Lektion, mit einer halben Parade, um das Pferd aufmerksam zu machen und es ein wenig mehr zu schließen. Der Reiter sitzt senkrecht und unbeweglich im Mittelpunkt des Sattels, um das Gleichgewicht des Pferdes nicht zu stören. Mit beiden Zügeln pariert er sein Pferd, während er mit beiden, am oder leicht hinter dem Gurt liegenden Unterschenkeln gleichmäßig nach vorn treibt. Dabei ist da-rauf zu achten, dass die Unterschenkel lose am Pferd liegen und der Reiter nicht versucht, die Passage „herauszuquetschen“. Abgesehen davon, dass letzteres nicht schön aussieht, wird es auch nie die Leichtigkeit und den Ausdruck bekommen wie eine Passage, die aus einer aktiven, sich Tritt für Tritt selbst motivierenden Bewegung he-raus entsteht.

Abhängig davon, ob die Passage aus dem Schritt oder aus dem Trab abgefragt wird, müssen die verhaltenden und treibenden Hilfen entsprechend aufeinander abgestimmt werden. Kommt man aus dem Schritt, wird mit der Hand erst leicht pariert und dann – beinahe gleichzeitig – in einem Impuls vermehrt getrieben und dann schon wieder pariert. Kommt man aus dem Trab, werden die verhaltenden Hilfen länger gegeben bei gleichzeitigem Vortreiben, wodurch sich das ausgebildete Pferd mehr zusammenschiebt und dabei mehr in die Schwebe kommt. Ganz wichtig ist es, das Pferd nicht durch aufwändige Hilfengebung zu stören, sondern sich geschmeidig seinem

Rhythmus anzupassen. Auch für erfahrene Reiter stellt sich oft die Frage, wie man am besten die ersten Passagetritte erarbeitet. Ein Einheitsrezept gibt es nicht. Je nach Veranlagung des Pferdes gibt es verschiedene Möglichkeiten auf dem Weg zum Passagieren. Einige Pferde tun sich leichter, wenn man sie aus dem versammelten Trab Richtung ⇢ halbe Tritte zurücknimmt. Anderen liegt es mehr, beim Zurücknehmen aus der Trabverstärkung erste (gewollte) Schwebetritte zu machen, und wieder andere erlernen erst die Piaffe und kommen daraus über halbe Tritte in erste Passagetritte. Bei allen Varianten ist es wichtig, sich als Reiter zunächst mit einigen wenigen Passagetritten zufrieden zu geben und nicht gleich zu viel zu verlangen. Überforderung führt zu Fehlern, die nur schwer wieder abzustellen sind. Als hilfreich hat es sich erwiesen, in der Vorbereitung zur Passage Seitengänge (⇢ Schulterherein, ⇢ Travers, ⇢ Renvers) im Wechsel zu reiten, da hierbei die Hinterbeine bereits auf die später noch intensivere Lastaufnahme vorbereitet werden.

Kraftvoll abfedernde Passage eines achtjährigen Pferdes – das Hinterbein könnte in dieser Momentaufnahme noch etwas mehr vorkommen

ZIEL DER LEKTION Als Lektion der Hohen Schule ist die Passage heute im Dressursport eigentlich sich selbst genug. Sie ist das Ziel oder zumindest ein Teil davon. Und trotzdem kann die Passage selbst anderes positiv befruchten. Denn auf dem Weg dorthin verbessert sich meist auch die Qualität des Trabes. Selbst Pferde, die einen eher normalen „Grundtrab" haben, aber auf Grund von Talent und guter Arbeit das Passagieren lernen, werden am Ende oft eine deutlich verbesserte Mechanik im Trab zeigen.

BESONDERHEIT Sehr fortgeschrittene Lektion; hoher Schwierigkeitsgrad, auf gebogener Linie oder in der Traversale noch erhöht; erfordert Schubkraft und große Haltekraft (Tragkraft).

SKALA-FAKTOR Takt, Losgelassenheit, Anlehnung*, Schwung**, Geraderichtung, Versammlung***.

PIAFFE

Eine trabartige Bewegung auf der Stelle, bei der das Pferd eine vorgegebene Anzahl von Tritten (7-8 oder 12-15) absolvieren muss.

SO SOLL ES AUSSEHEN In der Piaffe – auch sie gehört wie die → Passage zu den Lektionen der Hohen Schule – soll das Pferd möglichst auf der Stelle diagonal treten, wobei zwischen dem Abfußen der diagonalen Beinpaare ein kurzer Moment der freien Schwebe liegt. Die Unterarme werden (im Optimalfall) bis zur Waagerechten gehoben und dann senkrecht wieder abgesetzt. Die Hinterhand senkt sich, während die Hinterbeine bei schwingendem Rücken deutlich erkennbar die Last aufnehmen. Sie fußen auf und ab und werden dabei etwa bis zur Höhe der lastaufnehmenden Fesselgelenke angehoben. In der Grand Prix-Piaffe darf sich das Pferd ein bis zwei Hufbreit vorwärts bewegen, in Aufgaben auf Intermediaire-II-Niveau auch bis zu einem Meter. Der Reiter sitzt in der Piaffe möglichst unbeweglich, es soll der Eindruck vermittelt werden, als ob das Pferd beinahe von sich aus piaffiert.

DIE HÄUFIGSTEN FEHLER Ungleich; kratzend; am Boden haftend; zurückgetreten (im Ganzen oder nur ein Hinterbein); hinten breit; vorne breit; schwankend; hohe Kruppe; Hinterhufe zu hoch anhebend (höher als Vorderbeine); wenig Lastaufnahme; hüpfend; eng im Hals; hinter der Senkrechten; sperrendes Maul; hochgezogene Zunge; mit festgehaltenem Rücken; Schweifschlagen; gegen die Hand; Ungehorsam; aufwändige Reiterhilfen (Gerte, Sporen, Stimme).

RICHTIGE HILFEN, FEHLER VERMEIDEN Eine gute und schöne Piaffe zu reiten ist nicht einfach. Hier gilt – ebenso wie bei der ⇢ Passage – dass nur der geübte und erfahrene Reiter sich an eine solche Lektion heranwagen sollte.

Voraussetzung beim Pferd sind bereits sichere Geraderichtung und Versammlung sowie gute Durchlässigkeit. Das „Antreten lassen" junger Pferde darf nicht als Piaffe missverstanden werden. Es dient, kurz abgefragt, lediglich einer ersten Talentbeurteilung. Mit Piaffieren hat dies noch nichts zu tun, da die körperlichen und mentalen Voraussetzungen beim Pferd noch fehlen.

Ist das Pferd dagegen so weit versammelt, dass es sich auf leichte Hilfengebung zusammenschiebt und hinten senkt, kann man (als erfahrener Reiter) mit der Piaff-Arbeit beginnen.

Wieder wird das Pferd mit halben Paraden aufmerksam gemacht, während der Reiter sein Kreuz ein wenig mehr anspannt, ohne dabei aber schwerer einzusitzen. Im Gegenteil: In der Tendenz darf er den

Bereits schon sehr ausdrucksvolle Piaffe eines zur Zeit der Fotoaufnahmen noch am Anfang seiner Grand Prix-Karriere stehenden Pferdes

Pi oder Pa – was zuerst?

„Ich erarbeite eigentlich grundsätzlich zuerst die Piaffe. Aus einer korrekten Piaffe, die aus der Hinterhand getragen ist, ergibt sich dann der Übergang zur Passage und somit die Passage selbst. Aber es gibt keine Regel ohne Ausnahme. Wenn Pferde die Passage von Natur aus anbieten, kann man auch erst die Passage schulen und daraus die Piaffe entwickeln. Wichtig ist, dass das Pferd vermehrt aus der Hinterhand arbeitet. Die Naturbegabung zur Passage darf aber nicht mit Schwebetritten verwechselt werden, da die aus einem langsamen, inaktiven Hinterbein entstehen, wobei sich das Pferd im Rücken festhält, in der Hand stark wird und keine Federkraft entwickelt. Passage dagegen zeichnet sich dadurch aus, dass das Pferd vom Boden wegschnellt und sich dadurch die Schwebe verlängert."

KLAUS BALKENHOL
Olympiasieger, Weltmeister, Olympia-Trainer Dressur

Pferderücken eher ein wenig ent- als belasten. Der Reiter treibt mit beiden Unterschenkeln gleichzeitig und auch gleichseitig mit kurzen Impulsen die Hinterbeine des Pferdes vor und fängt die Bewegung mit halben Paraden Tritt für Tritt ab.
Dabei sollte er zwei Dinge beherzigen:
1. Sich zunächst mit zwei, drei piaffartigen Tritten zufrieden geben.
2. Das Pferd so wenig wie möglich stören.
Das Pferd muss nämlich erstens die Hilfen des Reiters zu dieser auf den ersten Blick etwas absonderlichen Lektion verstehen lernen und seine Bewegungen zunächst einmal koordinieren. Dies geht meist nicht gleich über mehrere Tritte. Wenn man sich als Reiter anfangs mit wenig zufrieden gibt, begreift das Pferd meist schneller.
Das Gleiche gilt für die Hilfengebung. Weniger ist hier immer mehr. Je mehr das Piaffieren durch Hauen und Stechen erreicht (von „erarbeitet" kann man hier nicht sprechen) wird, desto gezwungener und schlechter wird die Piaffe, falls sie sich überhaupt entwickelt. Getreu der makaberen Definition „Piaffe ist Angst auf der Stelle". Und genau das soll sie natürlich nicht sein.
Ein korrekt ausgebildetes Pferd, das körperlich und psychisch in die Lage versetzt wurde, eine Piaffe zu absolvieren, wird dies angstfrei und beinahe von selber tun und aufwändige Reiterhilfen überflüssig machen.

ZIEL DER LEKTION Während die Passage noch den „Nebeneffekt" hat, den Grundtrab eines Pferdes meist positiv zu beeinflussen, ist die Piaffe sich selbst genug. Sie ist die Krönung der Versammlungsarbeit; fördert auch Hinterhandkraft; Kriterium der Intermediaire II / Grand Prix.

BESONDERHEIT Sehr fortgeschrittene Lektion; hoher Schwierigkeitsgrad, in der Wendung (als Piaff-Pirouette) noch erhöht; erfordert Kraftausdauer und große Koordination.

SKALA-FAKTOR Takt*, Losgelassenheit*, Anlehnung*, Schwung*, Geraderichtung, Versammlung***.

PIROUETTE

Versammelte Wendung um die Hinterhand des Pferdes im Schritt (Schritt-Pirouette) oder im Galopp (Galopp-Pirouette).

SO SOLL ES AUSSEHEN Bei den Pirouetten unterscheidet man zwischen Schritt-Pirouetten und Galopp-Pirouetten. Erstere werden ab M-Niveau verlangt, Letztere ab S-Niveau. Da sich beide in Aussehen und Hilfengebung unterscheiden, sollen sie hier getrennt dargestellt werden.

Schritt-Pirouette Sie ist dem ⇢ Kurzkehrt ähnlich, wird aber ausschließlich aus dem versammelten Schritt und damit auch selbst mit erhöhtem Versammlungsgrad und kleinerem Kreisbogen in einer 180-Grad-Wendung geritten. Voraussetzung für eine gelungene Schritt-Pirouette ist die Beherrschung von ⇢ Hinterhandwendung und ⇢ Kurzkehrt. Das Pferd soll in der Schritt-Pirouette den verkürzten Viertakt des Schritts beibehalten, mit der Vorhand einen Halbkreis um die Hinterhand beschreiben und sich dabei mit dem äußeren Hinterfuß um den sich taktmäßig auf- und abfußenden inneren Hinterfuß herumbewegen. Während der Lektion ist es in Bewegungsrichtung gestellt und gebogen.

Die einzelnen Phasen einer Galopp-Pirouette

Galopp-Pirouette Hier unterscheidet man zwischen halben und ganzen Pirouetten. Die halbe beschreibt einen Kreisbogen von 180 Grad, die ganze von 360 Grad. Halbe und ganze Galopp-Pirouetten werden immer aus dem versammelten Galopp geritten. Die Vorhand des Pferdes, das in Bewegungsrichtung gestellt und gebogen ist, springt im Kreis um die Hinterhand herum, wobei sich der innere Hinterfuß auf einem möglichst kleinen Kreisbogen bewegt. Die Hinterhand soll sich ein wenig senken und vermehrt Last aufnehmen, während in der gesamten Pirouette der Dreitakt des Galoppsprungs klar erkennbar sein muss. Für eine halbe Pirouette benötigt ein Pferd drei bis vier Galoppsprünge, für eine ganze sechs bis acht. Sowohl vor, während und nach der Pirouette soll das Pferd die gerade Linie, auf der es galoppiert, nicht verlassen.

DIE HÄUFIGSTEN FEHLER

Schritt-Pirouette Stockung bei der Einleitung; seitliches Ausweichen der Hinterhand; Stehenbleiben (ein- oder mehrfaches Haften eines Hinterbeins); Drehen (dauerhaftes Haften beider Hinterbeine); Zurücktreten; wenig zentriert; zu groß; kreuzende Hinterbeine; seitlich ausweichend in der Wendung; Taktverlust; zu wenig gestellt und gebogen; falsch gestellt und gebogen; gegen die Hand; wenig erhaben.

In jeder Phase der Galopp-Pirouette muss der klare Dreitakt erhalten bleiben.

Galopp-Pirouette Herumgeworfen; traversartige Einleitung; seitliches Ausweichen; zu groß; Taktverlust; wenig Lastaufnahme; hinten gleichzeitig fußend; Schwungverlust; mühsam, um die Mittelhand; wenig Längsbiegung; falsch gestellt und gebogen; eng im Hals; gegen die Hand; mit Widerstand.

RICHTIGE HILFEN, FEHLER VERMEIDEN

Schritt-Pirouette Zunächst werden wieder halbe Paraden gegeben, um das Pferd aufmerksam zu machen. Beinahe gleichzeitig wird das Pferd ein wenig nach innen gestellt, der Reiter belastet den inneren Gesäßknochen etwas stärker und aktiviert mit dem inneren Schenkel am Gurt den inneren Hinterfuß. Der äußere Schenkel liegt leicht verwahrend hinter dem Gurt, biegt das Pferd um den inneren Schenkel und hindert die Hinterhand daran, nach außen auszuweichen. Durch das Zusammenspiel von Gewichts-, Schenkel und Zügelhilfen wird das Pferd kontrolliert gewendet, wobei der innere Zügel nicht nur stellt, sondern auch seitwärts weist. Nach Ende der Schritt-Pirouette wird die Stellung wieder aufgegeben, mit Gewichts- und Schenkelhilfen nach vorn getrieben und gleichzeitig ein wenig nachgegeben. Neigt ein Pferd dazu, die Hinterbeine nicht im Takt mitzubewegen, sollte die Pirouette zunächst ein wenig größer, also mehr nach vorn geritten werden. Seitliches Ausweichen

der Hinterhand verhindert man am besten durch geringere Stellung und Biegung, notfalls vorübergehend durch einige Schritte in Konterstellung.

Galopp-Pirouette Egal ob halbe oder ganze Galopp-Pirouette, die Einleitung ist gleich. In beiden Fällen nimmt man das Pferd zur Pirouette hin noch ein wenig mehr zurück, das heißt, man erhöht durch Gabe einiger halber Paraden die Versammlung und gibt weiterhin alle notwendigen Hilfen fürs Galoppieren.
Gleichzeitig werden der innere Gesäßknochen vermehrt belastet und das Pferd etwas mehr nach innen gestellt. Während mit Hilfe des inneren Zügels die Galoppbewegung seitwärts geführt wird, hält der innere Schenkel am Gurt die Rippenbiegung und aktiviert das innere Hinterbein. Der äußere Schenkel liegt verwahrend hinter dem Gurt, fixiert die Hinterhand und biegt das Pferd um den inneren Schenkel.
Die innere Hand muss immer wieder leicht werden, damit das innere Hinterbein nicht blockiert wird. Der äußere Zügel gibt etwas vor, um die Biegung zu ermöglichen, bleibt aber so viel dran, dass das Pferd nicht über die äußere Schulter ausweichen kann und das Pferd die Pirouette am äußeren Zügel springt.
Nach wie vor werden sämtliche Galopphilfen gegeben, ein wenig ähnlich dem Angaloppieren. Bei einem korrekt in Pirouetten ausge-

Die Hinterbeine sollen in der Pirouette einen möglichst kleinen Kreisbogen beschreiben.

Wichtig: Pirouetten-Arbeit nicht übertreiben

„Voraussetzung für das Beginnen von Galopp-Pirouetten ist eine gute und sichere Versammlung. Mit jungen, das heißt sechsjährigen Pferden, bereite ich die Pirouetten über die extreme Versammlung des Galoppsprungs im Schulterherein vor. Das Pferd muss in der Lage sein, über mehrere Sprünge 'auf dem Teller' zu galoppieren, wobei Takt und Schwung erhalten bleiben müssen. Wenn das gelingt, setze ich zu zwei, drei Pirouette-Sprüngen an. Dabei kommt es mir zunächst nicht auf die Größe an, sondern darauf, dass das Pferd klar durchspringt und sich gleichmäßig und unkompliziert um die eigene Achse bewegt. Das Verkleinern erarbeite ich erst nach und nach. Viele fangen die Pirouetten über Travers-Galopp an. Ich bevorzuge die Arbeit aus dem Schulterherein bzw. dem Schultervor. Da hat das innere Hinterbein den längeren Weg, so dass die Gefahr des Umspringens oder des parallel Springens viel geringer ist. Ganz wichtig ist es auch, die Pirouetten-Arbeit nicht zu übertreiben, denn das geht auf die Sprunggelenke. Mit den jüngeren Pferden reite ich im Schnitt zwei oder drei Pirouetten, und die auch nicht täglich. Die älteren gehen manchmal tagelang keine Pirouetten, erst wieder in der Turniervorbereitung. Viel wichtiger ist die allgemeine Versammlungsarbeit. Sie sorgt für Durchlässigkeit und ist die beste Vorbereitung. Ein Pferd, das in der Versammlung gut zurück kommt, hat meist keine Probleme mit den Pirouetten."

ISABELL WERTH
Olympiasiegerin, Weltmeisterin, Europa-Meisterin, Weltcup-Siegerin

bildeten Pferd genügt es außerdem meist, mit der inneren Hand nur Stellung zu geben, die Wendung selbst aber eher am äußeren Zügel zu reiten. Nach Beendigung – also entweder kurz vor Ende eine halben Umdrehung oder aber einer ganzen – wird das Pferd allmählich

wieder gerader gestellt und mit Gewichts- und Schenkelhilfen nach vorn aus der Pirouette herausgetrieben.
Je besser ein Pferd in sich geradegerichtet ist, desto besser werden die Pirouetten sowohl links als auch rechts herum gelingen. Neigt es auf einer Hand trotzdem zu größeren Problemen, zum Beispiel zu einem Herumwerfen gegen den inneren Reiterschenkel, ist es hilfreich, einen Schritt zurückzugehen und wieder → Arbeitspirouetten zu reiten.

ZIEL DER LEKTION

Schritt-Pirouette Eine versammelte Lektion, mit der man auf kleinstem Raum einen Richtungswechsel vornehmen kann.
Schritt-Pirouetten sind darüber hinaus, genau wie die → Hinterhandwendung und das → Kurzkehrt, eine gute Koordinations- und Konzentrationsübung für Pferd und Reiter, da bereits kleinste Abstimmungsprobleme zu Fehlern führen.
Das Pferd bewegt sich außerdem mit seinen Hinterhufen immer wieder unter seinen Schwerpunkt, ein Vorgang, der wiederum die Erhabenheit auch des versammelten Schritts fördert.

Galopp-Pirouette Diese Lektion hat wieder viele Gesichter. Sie ist eine Anforderung in Prüfungen der Klasse S und ein nicht zu unter-

Am Ende wird die Galopp-Pirouette wieder geradeaus aufgelöst.

schätzender Schwierigkeitsgrad. Sie ist aber auch eine Überprüfung der reiterlichen Hilfengebung und des Ausbildungsstands des Pferdes. Außerdem lässt sich über die Erarbeitung der Galopp-Pirouette, sprich die vorbereitende Versammlungsarbeit, auch die Tragkraft der Hinterhand im Galopp und damit die Versammlung im Galopp weiter fördern und verbessern.
Durch vermehrte Hankenbiegung und Lastaufnahme werden Gelenke und Muskulatur des Pferdes beansprucht. Dies führt zwar auf Dauer auch zu einem Muskulaturzuwachs, macht aber auch klar, warum man sich zu Anfang der Pirouette-Arbeit zunächst mit nur einigen wenigen Sprüngen begnügen und die Arbeit nur langsam steigern soll. Ansonsten würde Muskelermüdung beim Pferd zu Fehlern bis hin zu Widersetzlichkeiten führen und den Lernerfolg gefährden.

BESONDERHEIT Schritt-Pirouetten ab M-Dressur (nur in einigen) gefragt; fortgeschrittene Lektion; Galopp-Pirouetten ab S gefragt; fortgeschrittener bis hoher Schwierigkeitsgrad; erfordert große Koordinations- und Tragkraft.

SKALA-FAKTOR Takt, Losgelassenheit, Anlehnung, Schwung*, Geraderichtung, Versammlung**.

Q

QUADRATVOLTE

Wendung in der Quadratvolte

QUADRATVOLTE

Missverständliche Bezeichnung für eine auf einem Quadrat gerittene Vorübung für ⇢ Pirouetten.

SO SOLL ES AUSSEHEN Der Begriff Quadratvolte ist eigentlich ein Paradoxon. Denn eine Volte ist keisrund, ein Quadrat hat vier Ecken. Irgendwie passt das nicht zusammen. Trotzdem soll die Bezeichnung hier so stehen bleiben, da sie sich eingebürgert hat. Geritten wird letztlich in der Mitte der Bahn bzw. des Zirkels ein etwa gleichseitiges Rechteck, an dessen Ecken jeweils Viertelpirouetten um den inneren Schenkel herumgeritten werden. Aus diesen geht es dann wieder gerade gerichtet auf die nächste Seite des Quadrats, dann in der Ecke wieder in eine Viertelpirouette und so weiter. Die Übung ist deshalb nur im Schritt und im Galopp möglich.

DIE HÄUFIGSTEN FEHLER Auf den Quadratseiten schief; in den Ecken gegen den inneren Schenkel; in den Ecken ausweichende Hinterhand; Taktstörungen; mit drehenden Hinterbeinen; herumgeworfen; in den Ecken Hinterhand wenig zentriert.

RICHTIGE HILFEN, FEHLER VERMEIDEN Abhängig davon, ob die Quadratvolte im Schritt oder im Galopp erarbeitet wird, sind auch die Hilfen ein wenig unterschiedlich.
Im Schritt bewegt sich das Pferd zunächst geradeaus. Kurz vor der Ecke des imaginären Quadrats stellt der Reiter es ein wenig nach innen. Während er nun den inneren Zügel entsprechend der 90-Grad-Wendung ein wenig seitlich führt und seinen inneren Gesäßknochen etwas mehr belastet, fasst der innere Schenkel am Gurt zu, der äußere fixiert leicht verwahrend hinter dem Gurt die Hinterhand. Auf diese Weise wird das Pferd in zwei bis drei Schritten in einer Viertelpirouette herumgeführt und dann wieder geradeaus die

nächste Gerade des Quadrats entlanggeritten. Dazu werden Stellung und Biegung wieder aufgegeben, beide Schenkel treiben am Gurt. Im Galopp sind die Hilfen ähnlich; der Reiter sitzt hier aber bereits etwas mehr auf dem inneren Gesäßknochen. Zu Beginn der Viertelwendung muss er diese Gewichtsverlagerung ein wenig verstärken und nach der Wendung wieder auflösen.

ZIEL DER LEKTION Das Reiten von Quadratvolten fördert den Schenkelgehorsam des Pferdes. Es lernt, den inneren Schenkel zu akzeptieren, statt sich seitlich in die Wendung zu werfen. Quadratpirouetten sind in der Ausbildung kein Muss, eignen sich aber gut als Vorbereitung von späteren Schritt- und Galopp-Pirouetten und auch als Korrekturübung.

BESONDERHEIT Übung für die Arbeitsphase; aus der Versammlung reitbar; nur im Schritt und Galopp möglich; Kraftaufbau; Schulung von Schenkelgehorsam.

SKALA-FAKTOR Takt*, Losgelassenheit*, Anlehnung*, Schwung*, Geraderichtung**, Versammlung**´.

Wichtig: Figuren korrekt reiten

„Korrekt gerittene Hufschlagfiguren und Lektionen bringen in Dressuraufgaben Punkte. Aber nicht, weil sie bloß schöner aussehen oder einem vorgegebenen Muster entsprechen. Vielmehr gibt das Gelingen von Hufschlagfiguren und Lektionen Auskunft über das Gerittensein eines Pferdes und über die Kontrolle, die ein Reiter über es hat. Außerdem kann nur durch die Korrektheit auch der gewünschte gymnastizierende Effekt einer Übung erlangt werden. Ein eckig oder eiförmig gerittener Zirkel beispielsweise zeigt: 1. Das Pferd ist nicht sicher am äußeren Zügel, die Längsbiegung fehlt, es drückt gegen den inneren Schenkel. 2. Dadurch geht das Ziel des Zirkelreitens – Förderung der seitlichen Beweglichkeit der Muskulatur, vermehrte Lastaufnahme des inneren Hinterbeins – verloren. Nur wenn man als Reiter bei jedem Schritt, Tritt oder Sprung auf das genaue Einhalten der Zirkellinie achtet, gibt man die richtigen Hilfen und kommt zur systematischen Arbeit mit dem Pferd statt zum reinen Lektionen-Abspulen."

HEINER SCHIERGEN
Grand-Prix-Reiter und -Ausbilder

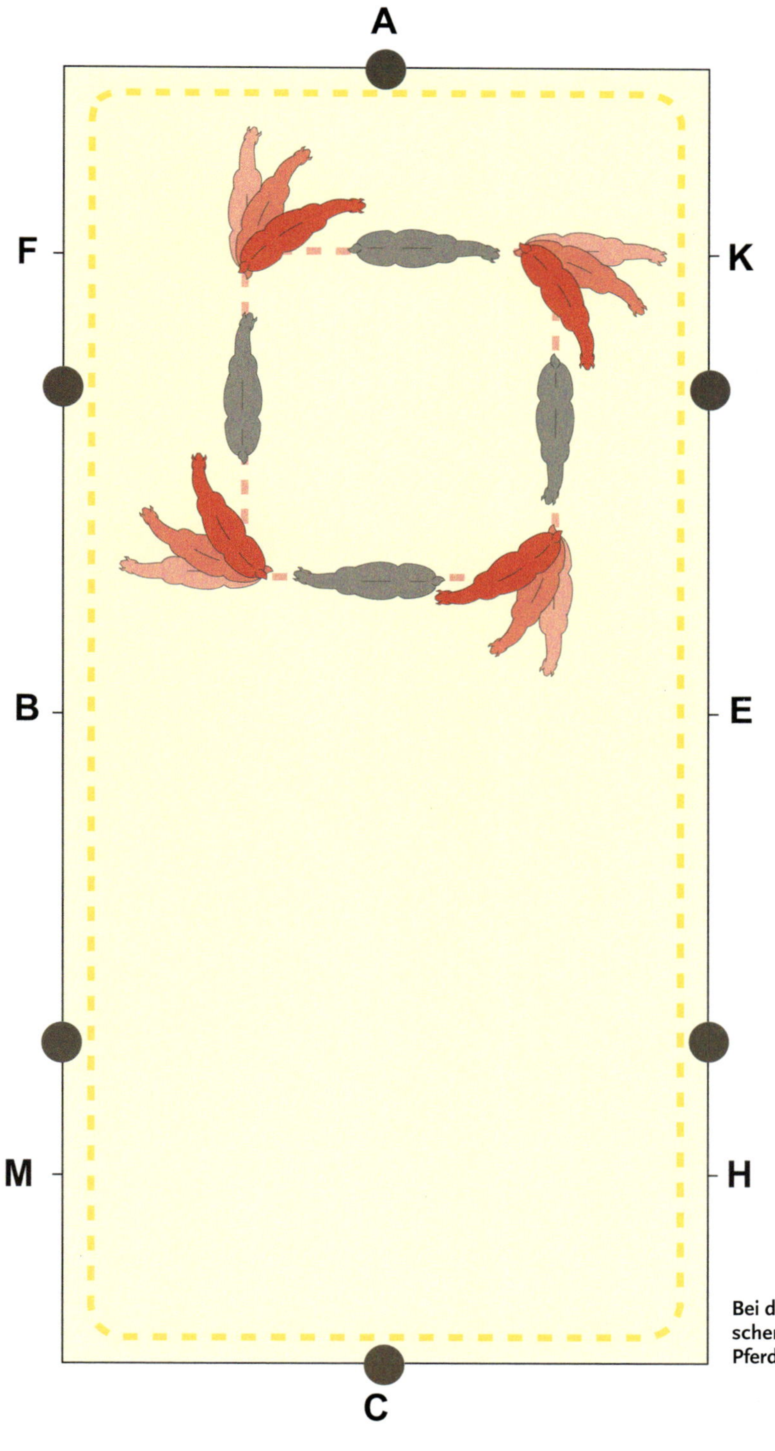

Bei der Quadratvolte wird zwischen den „Ecken" zwei bis drei Pferdelängen geradeaus geritten.

R

VON „RENVERS“ BIS „RÜCKWÄRTSRICHTEN“

Renvers

RENVERS

Eine Vorwärts-Seitwärts-Bewegung, bei der das Pferd in Bewegungsrichtung gestellt und gebogen mit der Hinterhand auf dem Hufschlag bleibt, während seine Vorhand zur Bahnmitte geführt wird.

SO SOLL ES AUSSEHEN Das Renvers kann man sich am besten als ⇢ Schulterherein in Konterstellung (und Konterbiegung) vorstellen. Es soll, wie alle Seitengänge, immer mit genügend Vorwärtstendenz geritten werden. Im Renvers ist das Pferd nach innen gestellt und um den inneren Schenkel gebogen, wobei „innen" hier wie im Außengalopp wieder nicht das Innere der Bahn bezeichnet, sondern die verkürzte Innenseite des Pferdes. Das Renvers wird also mit der Hinterhand auf dem Hufschlag, der Vorhand zur Bahnmitte und dem Kopf wieder zum Hufschlag geritten. Korrekt ausgeführt ist es, wenn es geschmeidig, taktsicher, schwungvoll, fließend und immer an den Hilfen gezeigt wird, wobei die Beine des Pferdes möglichst weit übergreifen und kreuzen sollen. Renvers führt, wie ⇢ Travers, über vier Hufschläge. Renvers kann im Schritt, Trab und unter Umständen auch im (Außen)-Galopp geritten werden, hier in erster Linie im versammelten Tempo. Um Schwungverlusten vorzubeugen, kann das Tempo vorübergehend auch mal zum Arbeitstempo hin erhöht werden.

DIE HÄUFIGSTEN FEHLER Abrupt eingeleitet; zu viel Abstellung; über die äußere Schulter ausfallend; zu wenig Abstellung; zu wenig Längsbiegung; falsch gestellt und gebogen; Taktstörungen; nicht gleichmäßig; die Linie verlassend; Schwungverlust; eilig; mühsam; gegen die Hand; eng im Hals; im Genick verworfen.

RICHTIGE HILFEN, FEHLER VERMEIDEN Ein Renvers beginnt meist nach Durchreiten einer Ecke, kann aber auch an jedem beliebigen

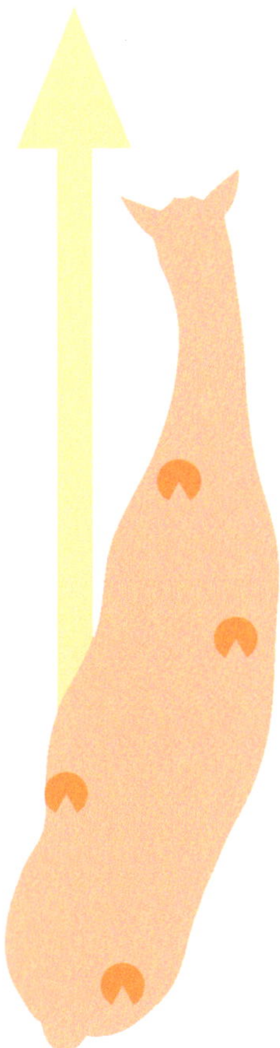

So sieht das Renvers von oben aus.

Punkt der langen Seite angesetzt werden. Zur Einleitung ist es hilfreich, wenn sich der Reiter vorstellt, eine ⇢ einfache oder ⇢ doppelte Schlangenlinie oder ein ⇢ Schulterherein anfangen zu wollen. Er führt also die Vorhand seines Pferdes ähnlich wie zu den Schlangenlinien oder zum Schulterherein schräg vom Hufschlag weg, fängt aber sofort mit dem „neuen“ äußeren Zügel ab, stellt sein Pferd Richtung Bande und belastet seinen nun „neuen“ inneren Gesäßknochen ein wenig mehr, während er den bisher inneren (und nun äußeren) Schenkel verwahrend zurücknimmt und damit die Hinterhand auf dem Hufschlag fixiert und sie darauf entlang treibt. Gleichzeitig fasst der bisher äußere Schenkel, der nun zum inneren geworden ist, vermehrt am Gurt zu und fordert das neue innere Hinterbein zum vermehrten Vortreten auf. Durch die Kombination der vorwärts und seitwärts treibenden Hilfen wird sich das Pferd nun etwa in einem 30-Grad-Winkel zum Hufschlag auf gerader Linie gestellt und gebogen vorwärts-seitwärts bewegen.
Zur Verdeutlichung: Kommt man beispielsweise auf der linken Hand auf die lange Seite, wird nach Durchreiten der Ecke nach rechts gestellt und gebogen, wobei die Vorhand sich vom Hufschlag wegbewegt, die Hinterhand auf dem Hufschlag bleibt. Zur Beendigung des Renvers gibt der Reiter langsam Stellung und Biegung auf und führt die Vorhand des Pferdes wieder zurück zum Hufschlag. Dabei fixiert er mit dem bisher äußeren Schenkel, der wieder zum inneren wird, die Hinterhand weiterhin auf dem Hufschlag und hindert sie so daran, plötzlich seitlich zur Bahnmitte hin zu schwingen. Klingt kompliziert, ist es auch ein wenig. Deshalb wird das Renvers erst ab M-Niveau verlangt. Um vor allem den Schwungverlust im Renvers zu vermeiden, der meist aus zu viel reiterlicher Handeinwirkung und zu wenig vorwärts-seitwärts treibenden Kreuz- und Schenkelhilfen resultiert, sollte die Lektion nicht nur im versammelten Tempo, sondern auch mal nahe am Arbeitstempo geritten werden. So bleibt die Frische erhalten und manche Fehler werden vermieden.

ZIEL DER LEKTION Renvers ist, wie alle Seitengänge, eine gute Übung zur Förderung der Tragkraft des Pferdes und damit zur Förderung von Durchlässigkeit und Versammlung, da das jeweilige innere Hinterbein immer wieder zum vermehrten Untertreten unter den Schwerpunkt aufgefordert wird. Gleichzeitig wird das Pferd in seiner seitlichen Rumpf- und Halsmuskulatur sehr effektiv gymnastiziert, weil es die innere Muskulatur verkürzen, die äußere gleichzeitig dehnen muss. Dies fördert und verbessert die Längsbiegung. Ein häufiger Wechsel von Renvers links und Renvers rechts, am besten auch in Verbindung mit einem Wechsel zu ⇢ Schulterherein und ⇢ Travers, ist somit eine sehr sinnvolle ganzkörperliche Übung für das Pferd und darüber hinaus eine gute Koordinationsübung für den Reiter. Das Hin- und Hergleiten zwischen Renvers, Travers und Schulterherein wird von erfahrenen Ausbildern deshalb auch gerne zur Vorbereitung auf ⇢ Piaffe und ⇢ Passage eingesetzt.

BESONDERHEIT Fortgeschrittene Lektion; erhöhter Schwierigkeitsgrad; in M-Dressur verlangt; schult laterale Beweglichkeit, Kraftaufbau.

SKALA-FAKTOR Takt*, Losgelassenheit*, Anlehnung**, Schwung**, Geraderichtung**, Versammlung***.

Im Renvers bewegt sich das Pferd auf vier Hufschlägen, Vorder- und Hinterbeine kreuzen. Hier könnte das Genick etwas höher kommen.

RÜCKWÄRTSRICHTEN

Rückwärtsbewegung des Pferdes in zweitaktiger, diagonaler Fußfolge. Rückwärtsrichten gibt es in zwei Varianten: danach halten oder daraus anreiten/antraben/angaloppieren.

SO SOLL ES AUSSEHEN Beim Rückwärtsrichten soll das Pferd ruhig und gelassen auf Hilfe des Reiters auf gerader Linie zurücktreten und dazu seine diagonalen Beinpaare gleichzeitig anheben, zurücknehmen und wieder aufsetzen. Da es sich um eine diagonale Bewegung handelt, spricht man beim Rückwärts auch nicht von „Schritten", sondern – wie im Trab – von „Tritten". Das Genick bleibt während des Rückwärtsrichtens höchster Punkt, das Pferd stößt sich durchlässig am Gebiss ab und lässt sich auf Hilfe wieder anhalten. Es wird entweder eine genaue Trittzahl vorgegeben (meist vier, fünf oder sechs) oder von „einer Pferdelänge rückwärtsrichten" gesprochen, was etwa drei bis vier Tritten entspricht. Wird das Rückwärtsrichten mit ⇢ Halten beendet, ist der letzte ein halber Beistelltritt, so dass das Pferd wieder geschlossen steht. Wird „daraus anreiten" (im Schritt, Trab oder Galopp) gefordert, soll die Vorwärtsbewegung sich ohne jegliche Stockung direkt aus der Rückwärtsbewegung entwickeln. Die Kombination aus Rückwärts-Vorwärts-Rückwärts nennt man ⇢ Schaukel.

Im Rückwärtsrichten muss das Pferd diagonal zurücktreten.

DIE HÄUFIGSTEN FEHLER Nicht diagonal; schief; kriechend; stürmend; übereilt;, gegen die Hand; eng im Hals; wenig durchlässig; undurchlässig; mit Widerstand; nach Rückwärts Halten nicht geschlossen; Anreiten aus dem Rückwärts mit Stockung.

RICHTIGE HILFEN, FEHLER VERMEIDEN Zum Rückwärtsrichten gibt der Reiter wieder – wie eigentlich vor jeder Lektion – eine halbe Parade zum „Aufmerksam-machen". Sein Oberkörper ist ganz leicht nach vorn verlagert, um den Pferderücken zu entlasten. Beide Unterschenkel liegen leicht verwahrend hinter dem Gurt.
Zu Beginn des Rückwärtsrichtens gibt man nun mit den Schenkeln einen kurzen Vorwärtsimpuls und fordert das Pferd zum Antreten auf.
In dem Moment, in dem es reagiert und einen Fuß anhebt, gibt der Reiter mit beiden Händen eine durchhaltende Zügelhilfe und wandelt so die beginnende Vorwärtsbewegung in eine Rückwärts-

bewegung um. Sobald das Pferd einen Fuß zurücksetzt, muss die Hand wieder leicht werden. Tritt für Tritt wird so abgefragt.
Bei vielen Pferden ist es hilfreich, den leichten Schenkeldruck nicht aus den Waden, sondern aus den Knien zu machen und die Unterschenkel nur ganz lose an den Rumpf des Pferdes zu legen.
Beendet wird das Rückwärtsrichten, indem der Reiter die Schenkel an den Gurt zurücknimmt, wieder schwerer einsitzt und mit den

durchhaltenden Zügelhilfen aufhört. Wird nach dem Rückwärtsrichten Halten verlangt, ist der letzte Tritt nur ein Beistelltritt, ein halber Tritt also. Die Lektion endet in einem geschlossenen Halten. Wird dagegen „daraus" anreiten, antraben oder angloppieren verlangt, muss ohne Stockung sofort nach vorne geritten werden.
Bei einem gut gerittenen Pferd reichen meist geringste Hilfen, um es zum Rückwärtsrichten aufzufordern. Und auch beim weniger durchlässigen Pferd sollte man sich davor hüten, es mit Kraft zurückziehen zu wollen.
Rückwärtsrichten ist für das Fluchttier Pferd die einzige nicht ganz natürliche Bewegung. Im Falle von Gefahr dreht ein Pferd lieber ab und läuft davon, als nur zurückzuweichen.
Deshalb erfordert Rückwärtsrichten außer Durchlässigkeit auch ein großes Maß an Vertrauen zwischen Reiter und Pferd.
Zieht man sein Pferd mehr rückwärts als dass man es rückwärts reitet, wird es sich immer gegen die Hand wehren, seinen Rücken fest machen und, wenn überhaupt, nur unwillig und fehlerhaft zurücktreten.
Probleme mit dem Rückwärtsrichten lassen sich am besten von unten lösen. Das heißt absteigen, sich vorn neben die Pferdeschulter stellen und mit ein wenig Zügeldruck, eventuell unterstützt von leichtem Touchieren mit der Gerte (an Vorderbeinen oder Buggelenk), und Stimme dem Pferd das Rückwärtsrichten „erklären".
Wer einen Helfer hat, kann diese Übung auch vom Sattel aus (Helfer am Boden) machen.

ZIEL DER LEKTION Rückwärtsrichten ist eine sehr vielschichtige Lektion. Es gibt Auskunft über Vertrauen, Losgelassenheit und Durchlässigkeit eines Pferdes. Es fördert, korrekt geritten, aber auch die Durchlässigkeit und die Versammlung, da das Pferd die Hinterbeine während des Rückwärtsrichtens vermehrt anwinkeln und dabei mehr Last aufnehmen muss.
Traben-Halten-Rückwärts, verbunden mit erneutem wieder Antraben, hat auf ein Pferd eine ähnliche gymnastizierende und Kraft steigernde Wirkung wie Kniebeugen auf Menschen.

Deutlich zu sehen: die leichte Entlastung des Pferderückens und die Rücknahme der Unterschenkel zum Rückwärtsrichten.

BESONDERHEIT Grundlagenlektion; am Ende der Lösephase und in der Arbeitsphase reitbar; schult Koordination und Tragkraft; Abkürzung im Protokoll: RR (Rückwärtsrichten).

SKALA-FAKTOR Takt, Losgelassenheit*, Anlehnung*, Schwung*, Geraderichtung, Versammlung**.

Prüfstein der Losgelassenheit

„Es ist ganz wichtig, dass ein Pferd „am Bein" rückwärts geht und nicht „an der Hand". Viele Reiter machen den Fehler, mit zu viel Handeinwirkung ihr Pferd zurück ziehen zu wollen. Mit dem Ergebnis, dass sich das Pferd im Rücken fest macht, gegen den Zügel stützt und nicht mehr diagonal zurück tritt. Wirkt man dagegen mit leichter Hand und eindeutigen Schenkelhilfen ein, kann man Tritt für Tritt kontrollieren. Rückwärtsrichten ist ein Prüfstein der Losgelassenheit und eine Lektion, die man mit feiner Einwirkung und dosiertem Üben sicher perfektionieren kann."

MICHAEL KLIMKE
Grand-Prix-Reiter, Deutscher Meister Dressur

S

VON „SCHAUKEL“ BIS „STELLUNG“

Schulterherein

SCHAUKEL

Eine aus dem ⇢ Halten gerittene Kombination von Rückwärts-Vorwärts-Rückwärts und darauf folgendem ⇢ Anreiten ⇢Antraben oder ⇢ Angaloppieren.

SO SOLL ES AUSSEHEN Die Schaukel wird immer aus dem Halten geritten und zwar gemäß einer vorgegebenen Tritt- und Schrittzahl. Das Pferd steht zunächst geschlossen und wird dann erst rückwärts gerichtet, darauf wieder die verlangte Schrittzahl vorwärts geritten und daraus erneut rückwärts gerichtet. Beendet wird die Schaukel mit ⇢ Anreiten, ⇢ Antraben oder ⇢ Angaloppieren. Die gesamte Lektion inklusive des abschließenden Herausreitens soll durchlässig und in einem Fluss absolviert werden, ohne dass das Pferd zwischendurch zum Halten kommt. Dabei muss im ⇢ Rückwärtsrichten der diagonale Zweitakt, beim Vorwärtsreiten ein klarer Vier-takt gezeigt werden. Da die Schaukel in keinem Moment zum Halten führt, gibt es in ihrem Verlauf auch keine halben Beistelltritte (wie beim „Rückwärtsrichten und danach Halten").

DIE HÄUFIGSTEN FEHLER Tritt- bzw. Schrittzahlfehler; stockend; nicht im Fluss; zögerlich; im Rückwärts nicht diagonal; im Rückwärts hinten breit; schief; wenig durchlässig; undurchlässig; zurückgezogen; rückwärts stürmend; eng im Hals; Pferd verkriecht sich; gegen die Hand.

RICHTIGE HILFEN, FEHLER VERMEIDEN Die Hilfen für die Schaukel sind eine Kombination aus Hilfen zum ⇢ Rückwärtsrichten und zum ⇢ Anreiten/⇢ Antraben/⇢ Angaloppieren. Um die Lektion fließend hinzubekommen, erfordert es vom Reiter Konzentration und Gefühl, vom Pferd eine bereits fortgeschrittene Durchlässigkeit. Die Zahl der Tritte und Schritte ist vorgegeben. Sind es beispielsweise: 4-4-4, müssen vier Tritte zurück, vier Schritte vor und wieder vier Tritte zurückgeritten werden. Dabei gibt der Reiter die Hilfe zur Vorwärtsbewegung bereits in dem Augenblick, in dem das Pferd zum letzten Rückwärtstritt abfußt. Auch bei der Umkehr von der Vorwärts- in die erneute Rückwärtsbewegung wird der letzte Schritt abgefangen und ins rückwärts umgewandelt. Um zu vermeiden, dass das Pferd auf die Reiterhilfen nicht mehr wartet, sondern die Tritt- und Schrittzahl von sich aus vorgibt, sie also quasi auswendig gelernt hat, ist es sinnvoll, die Zahlen immer mal zu variieren. Nur so kann man sicher sein, dass man eine Schaukel kontrolliert reitet – Voraussetzung zur Vermeidung von Fehlern.

ZIEL DER LEKTION Die Schaukel als eine Kombination von zwei verschiedenen Bewegungstakten, dem Zweitakt der Rückwärtstritte und dem Viertakt der Vorwärtsschritte, erfordert ein gut versammeltes und gut gerittenes Pferd. Dem Reiter, Ausbilder und letztlich auch dem Richter gibt die Schaukel damit Auskunft über den Grad der Durchlässigkeit eines Pferdes, also dem Ziel der Ausbildung überhaupt.

BESONDERHEIT Fortgeschrittene Lektion; Versammlung als Voraussetzung; in der Arbeitsphase reitbar; schult Koordination sowie Trag- und Schubkraft.

SKALA-FAKTOR Takt, Losgelassenheit, Anlehnung, Schwung, Geraderichtung, Versammlung*.

SCHENKELWEICHEN

Eine Vorwärts-Seitwärts-Bewegung, bei der das Pferd entgegen der Bewegungsrichtung gestellt, aber nicht gebogen ist.

SO SOLL ES AUSSEHEN Schenkelweichen, nahe verwandt mit dem → „Viereck-verkleinern-und-vergrößern“, kommt in Prüfungen der Klasse A vor und wird auch bei der Ausbildung jüngerer Pferde gerne als Vorbereitung auf spätere ⇢ Taversalen verwendet. In Prüfungen wird Schenkelweichen nur im Schritt gefordert, möglich ist es aber auch im Trab. Das Pferd soll auf jeden Fall im sauberen Takt der entsprechenden Grundgangart und auch im gleichmäßigen Tempo bleiben. Befindet sich das Pferd auf dem Hufschlag, wird sein Kopf zur Bande gestellt, seine Vorhand bleibt auf dem Hufschlag, seine Hinterhand geht Richtung Bahnmitte, und zwar etwa in einem 45-Grad-Winkel zum Hufschlag. Ist man beispielsweise auf der linken Hand, würde man den „rechten Schenkel" weichen lassen. Im Schenkelweichen ist das Pferd nur gestellt, nicht gebogen.

DIE HÄUFIGSTEN FEHLER Taktverlust; mühsam; schleichend; zu viel Abstellung; zu viel seitwärts; zu wenig seitwärts; die Linie (Hufschlag) verlassend; gegen die Hand; eng im Hals.

RICHTIGE HILFEN, FEHLER VERMEIDEN Schenkelweichen wird im Allgemeinen auf dem ersten Hufschlag verlangt, ist aber auch auf anderen Linien möglich. Zur Einleitung stellt der Reiter sein Pferd zu der Seite, die mit dem auszuweichenden Schenkel übereinstimmt.

Schenkelweichen rechts entlang einer diagonalen Linie.

Ist man also auf dem Hufschlag, wird das Pferd nach außen zur Bande gestellt, während der gleichseitige Schenkel hinter den Gurt genommen wird und die Hinterhand Richtung Bahnmitte schiebt. Mit diesem Schenkel treibt der Reiter sein Pferd an der Bande entlang vorwärts-seitwärts. Der gegenüberliegende Schenkel bleibt weiter vorn und fängt die Seitwärtsbewegung ab und verhindert so, dass die Hinterhand zu weit herumschwingt. Denn in allen Seitwärtsbewegungen muss der Vorwärtsimpuls immer deutlicher sein als der Seitwärtsimpuls. Am Ende des Schenkelweichens stellt der Reiter die Hinterhand seines Pferdes wieder auf die Vorhand ein, indem er beide Schenkel wieder in die Ausgangslage zurückgleiten lässt und das Pferd wieder gerade stellt.

ZIEL DER LEKTION Zu Beginn der Ausbildung müssen Pferde einige grundsätzliche Reiterhilfen kennen lernen, und zwar die für vorwärts, rückwärts, halten und seitwärts. Das Schenkelweichen ist in diesem Zusammenhang die erste Übung für das Pferd, seitwärts treibende Hilfen zu verstehen und richtig umzusetzen.
Es lernt durch das Schenkelweichen, umgehend und andauernd auf eine entsprechende grundsätzliche Hilfe seines Reiters zu reagieren – eine Voraussetzung für jede Art der Reiterei.
Darüber hinaus ist Schenkelweichen eine gute seitlich gymnastizierende Übung, die aber, da im Schenkelweichen die Pferdebeine nicht so stark kreuzen und die Hinterbeine noch nicht so viel Last aufnehmen müssen, die Gelenke nicht so beansprucht wie die übrigen Vorwärts-Seitwärts-Bewegungen. Aus diesem Grund kann Schenkelweichen im Trab bereits im Arbeitstempo geritten und auch als lösende Übung eingesetzt werden.

BESONDERHEIT Grundlagenlektion; in der Lösephase und in der Arbeitsphase reitbar; schult Koordination; Abkürzung im Protokoll: SW (Schenkelweichen).

SKALA-FAKTOR Takt*, Losgelassenheit**, Anlehnung**, Schwung*, Geraderichtung**, Versammlung.

SCHLANGENLINIEN

Das Verlassen des Hufschlags auf vorgegebenen schlangenförmigen Linien im Schritt, Trab oder Galopp. Man unterteilt vier Formen von Schlangenlinien: doppelte, einfache, entlang der Mittellinie und durch die Bahn.

SO SOLL ES AUSSEHEN Alle vier Schlangenlinienformen sollen, egal in welcher Grundgangart, in sauberem Takt und gleich bleibendem Tempo sowie in Stellung und Biegung gezeigt werden. Da Schlangenlinien hin und her führen, muss bei jedem Richtungswechsel umgestellt werden. Das Pferd soll dabei in leichter Anlehnung sicher an den Hilfen bleiben und sich geschmeidig in seiner Längsachse auf die gebogenen Linien einstellen (Längsbiegung). Geritten werden Schlangenlinien in den verschiedenen Grundgangarten in den Arbeits- und versammelten Tempi.

Einfache Schlangenlinie Sie wird entlang der langen Seite geritten und führt von einer Ecke zur anderen. Nach Durchreiten der ersten Ecke der langen Seite wendet der Reiter sein Pferd am Wechselpunkt ab und reitet in schrägem, flachem Bogen Richtung Mittelpunkt der Viertellinie, so dass der äußerste Punkt der Schlangenlinie 5 m vom Hufschlag entfernt ist. Dort wird wieder umgestellt und zum Wechselpunkt am Ende der langen Seite geritten, wo am Hufschlag erneut umgestellt wird. Die einfache Schlangenlinie wird in Prüfungen allgemein im Trab und im ⇢ Aussitzen geritten. Würde der Reiter ⇢ leichttraben, müsste er das erste Mal etwa in der Mitte der Schlangenlinie umsitzen, das zweite Mal am Schluss,

Einfache Schlangenlinie

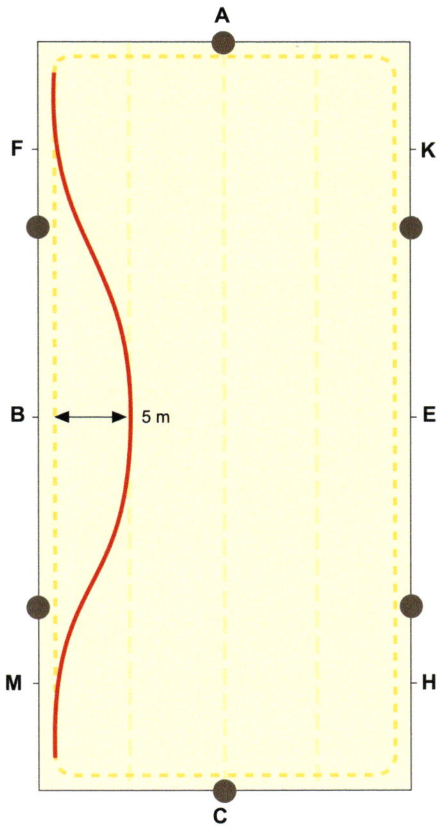

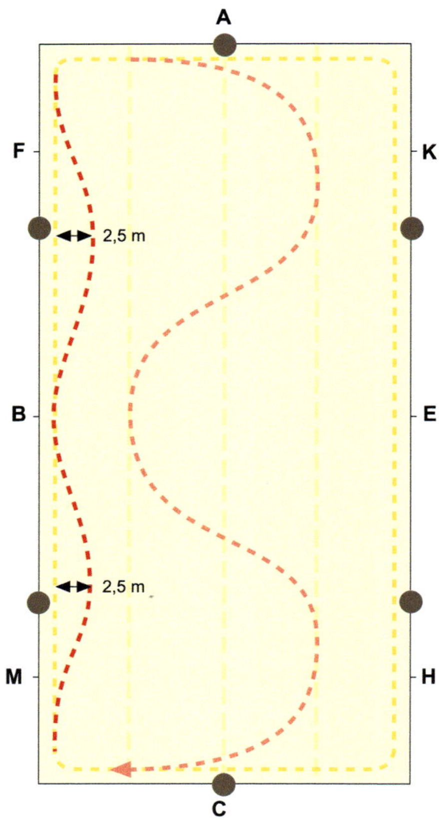

Doppelte Schlangenlinie und Schlangenlinie entlang der Mittellinie

also immer dann, wenn auch umgestellt wird. Für ⇢ Galoppwechsel – einfache und fliegende – gilt das Gleiche.

Doppelte Schlangenlinie Auch die doppelte Schlangenlinie führt an der langen Seite entlang, reicht aber nur bis zur Achtellinie (2,5 m vom Hufschlag entfernt) und das gleich zweimal. Dazu wendet der Reiter aus der ersten Ecke der langen Seite ab, reitet schräg zur Achtellinie, stellt dort um und reitet zur Mitte der langen Seite, also zu B oder E. Dort angekommen wird sofort wieder umgestellt und abgewendet und der gleiche Bogen ein zweites Mal geritten. Die doppelte Schlangenlinie wird im Trab (aussitzen) geritten, im Schritt ist sie ebenfalls möglich. Für den Galopp bietet sie sich weniger an, da in ziemlich schneller Abfolge mehrmals abgewendet, umgestellt und umgebogen wird.

Schlangenlinie entlang der Mittellinie Bei dieser speziellen Form der Schlangenlinie muss von der kurzen Seite abgewendet werden, und zwar so, als wollte man ab der Mitte eine 10-m-Volte reiten. Auf diese Weise landet man nach einer Viertelvolte auf der Viertellinie (5 m vom Hufschlag entfernt), von wo aus im Bogen wieder zurück über die Mittelinie bis zur gegenüberliegenden Viertellinie geritten wird. Von dort geht es erneut zurück über die Mittellinie bis zur Viertellinie und von dort zur Mitte der kurzen Seite. Die Mittellinie wird also zweimal gekreuzt, bei jedem Richtungswechsel wird das Pferd umgestellt und auf die neue Linie längs gebogen.

Schlangenlinien durch die Bahn Bei dieser Schlangenlinie führen die Bögen, wie der Namen schon sagt, durch die ganze Bahn. Begonnen und beendet werden diese Schlangenlinien jeweils Mitte der

kurzen Seite. Ab/bis da werden die Ecken entsprechend der Bogenzahl weniger ausgeritten. Auf einem 40-m-Viereck werden drei oder vier Schlangenlinien geritten, auf einem 60-m-Viereck entsprechend mehr.
Nach der ersten Ecke der langen Seite wendet der Reiter ab und reitet parallel zur kurzen Seite auf die gegenüberliegende lange Seite zu, wendet dort wieder ab, reitet zurück und so fort. Gezählt werden die einzelnen Bögen bei Hufschlagkontakt. Der erste und der letzte werden mitgezählt, alle Bögen sind gleich groß. Man kann diese Form der Schlangenlinie in allen drei Grundgangarten reiten, wobei beim ⇢ Leichttraben bei Durchreiten der Mittellinie umgesessen wird. Auch im Galopp wird über der Mittellinie gewechselt, entweder einfach oder fliegend.

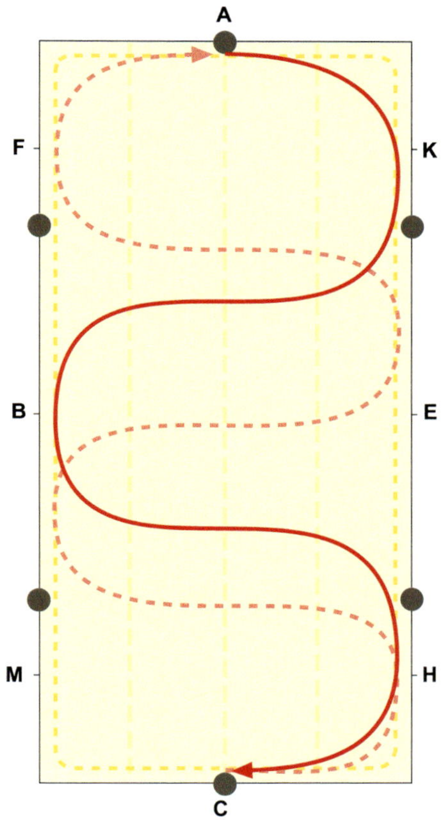

Schlangenlinien durch die ganze Bahn (drei bzw. vier Bögen)

DIE HÄUFIGSTEN FEHLER

Einfache Schlangenlinie Nicht genügend Längsbiegung; zu früh/zu spät umgestellt; zu flach; zu weit in die Bahn geritten; falsch gestellt; gegen die Hand; eng im Hals; auf der Vorhand.

Doppelte Schlangenlinie Wie einfache Schlangenlinie, außerdem Bögen ungleich groß; schlecht eingeteilt.

Schlangenlinie entlang der Mittellinie Wie einfache und doppelte.

Schlangenlinie durch die Bahn Wie bei den übrigen Schlangenlinien, außerdem beim Leichttraben nicht umgesessen; Galoppwechsel über der Mittellinie zu früh/spät, fehlerhaft.

RICHTIGE HILFEN, FEHLER VERMEIDEN Im Grunde sind die Hilfen bei allen Schlangenlinien die gleichen, da es sich bei diesen Lektionen

lediglich um eine Kombination von ⇢ Abwenden und Umstellen handelt. In allen Schlangenlinien muss das Pferd zum jeweils inneren Schenkel gestellt und gebogen werden.
Um dies zu erreichen, wird jede Schlangenlinie zunächst mit einer halben Parade am äußeren Zügel eingeleitet, während dem Pferd mit dem inneren Zügel die Innenstellung angezeigt wird. Der innere Reiterschenkel fasst am Gurt zu, der äußere gleitet ein wenig hinter den Gurt und verhindert so ein Ausweichen der Hinterhand.
Der äußere Zügel wird etwas vorgegeben, um die Dehnung der äußeren Halsmuskulatur zu ermöglichen, aber auch nur so weit, dass er die äußere Pferdeschulter noch unter Kontrolle hält.
Um die Bögen bei den einfachen, doppelten und den Schlangenlinien entlang der Mittellinie auch gleichmäßig hinzukriegen, ist es hilfreich, sich das Viereck in Gedanken längsseitig in vier gleich großen Teilen vorzustellen. Die dabei entstehenden Viertellinien können als Orientierungshilfen die Übungen erleichtern.

ZIEL DER LEKTION Alle Schlangenlinien haben einen hohen gymnastizierenden Effekt auf das Pferd, da sie aus sich gleichmäßig wiederholenden Abfolgen von Umstellen und Umbiegen bestehen.
Auf diese Weise werden die jeweils innen liegenden Hals- und Rumpfmuskeln verkürzt, die äußeren gedehnt – die Längsbiegung verbessert sich. Auch die wechselnde Belastung der Hinterbeine fördert die Beweglichkeit des Pferdes und das spontane Reagieren auf die Reiterhilfen. Schlangenlinien eignen sich auch als lösende Übungen, da die großen Bögen in allen Gangarten gut im Arbeitstempo geritten werden können.

BESONDERHEIT Grundlagenlektionen; in der Lösephase und in der Arbeitsphase reitbar; in allen Grundgangarten möglich; schulen Koordination und laterale Beweglichkeit; Abkürzung im Protokoll: SL (Schlangenlinien).

SKALA-FAKTOR Takt*, Losgelassenheit***, Anlehnung**, Schwung*, Geraderichtung**, Versammlung*.

SCHULTERHEREIN

Eine Vorwärts-Seitwärts-Bewegung, bei der das Pferd mit der Vorhand zur Bahnmitte geführt wird, dabei nach innen gestellt und gebogen ist, während seine Hinterhand auf dem Hufschlag bleibt.

SO SOLL ES AUSSEHEN Das Schulterherein, das in Prüfungen ausschließlich im Trab verlangt wird, soll geschmeidig, taktsicher, schwungvoll, fließend und immer an den Hilfen gezeigt werden, wobei die Vorderbeine des Pferdes möglichst weit übergreifen und kreuzen sollen. Im Schulterherein bewegt sich das Pferd auf drei Hufschlägen, so dass – betrachtet man die Lektion von vorn – drei Pferdebeine zu sehen sein müssen. Während des Schulterhereins ist das Pferd nach innen gestellt und um den inneren Schenkel gebogen, die Hinterbeine bewegen sich geradeaus auf dem Hufschlag.

Im Schulterherein soll sich das Pferd auf drei Hufschlaglinien bewegen (hier noch ein Hauch „zuviel").

DIE HÄUFIGSTEN FEHLER Abrupt eingeleitet; zu viel / zu wenig Abstellung; wenig Längsbiegung; über die äußere Schulter ausweichend; falsch gestellt und gebogen; Taktstörungen; nicht gleichmäßig; die Linie verlassend; Schwungverlust; eilig; mühsam; gegen die Hand; eng im Hals; im Genick verworfen; Reiter sitzt nach außen; äußerer Schenkel weggestreckt.

RICHTIGE HILFEN, FEHLER VERMEIDEN Schulterherein wird im Allgemeinen auf dem Hufschlag an der langen Seite verlangt, ist aber auch auf der Mittellinie oder jeder anderen geraden Linie reitbar. Die Einleitung der Lektion wird erleichtert, wenn sie aus einer Wendung begonnen wird, am besten also aus der Ecke oder aus einer Volte. Hier kann man die bereits bestehende Stellung und Biegung in das Schulterherein „mitnehmen".

Zum Schulterherein fasst der Reiter den inneren Zügel etwas nach, belastet ein wenig mehr seinen inneren Gesäßknochen und gibt mit der inneren Hand die Stellung vor. Die äußere gibt entsprechend etwas nach und erlaubt so dem Pferd die notwendige Dehnung der äußeren Muskulatur und verhindert ein Verwerfen im Genick.

Der äußere Zügel darf aber nicht zu weit vorgehen, denn dann würde das Pferd über seine äußere Schulter ausweichen. Hier ist Fingerspitzengefühl gefragt.

Sobald das Pferd die Stellung angenommen hat, muss die innere Hand aber wieder „leicht" werden, damit das innere Hinterbein nicht blockiert wird, sondern weit unter den Schwerpunkt treten kann, und das Pferd an den äußeren Zügel herantritt.

Gleichzeitig mit den Gewichts- und Zügelhilfen müssen die Schenkelhilfen eingesetzt werden. Dazu gleitet der innere Schenkel ein wenig hinter den Gurt. Er treibt das Pferd vorwärts-seitwärts und bringt es im Zusammenspiel mit dem äußeren Schenkel in die erforderliche Längsbiegung.

Der äußere Schenkel darf nicht, wie viele Reiter es tun, weggestreckt werden, sondern treibt das äußere Hinterbein und fordert es zum Vortreten auf. Immerhin hat es im Schulterherein den weiteren Weg zurückzulegen. Wer hier Probleme hat, kann auch die Gerte im Schulterherein zur Unterstützung des äußeren Schenkels auf die äußere Seite nehmen.

Beendet wird das Schulterherein, indem der Reiter die Innenstellung aufgibt, beide Schenkel wieder in die Ausgangslage gleiten lässt und die Vorhand des Pferdes wieder zum Hufschlag führt. Genau wie die Einleitung soll auch das Ausklingen der Lektion geschmeidig und ohne viel Handeinsatz ablaufen.

Äußerer Zügel

Alle Wendungen und auch Seitengänge werden am äußeren Zügel geritten. Der innere Zügel gibt nur die Stellung vor, der äußere ist, in Verbindung mit den Reiterschenkeln, für die Biegung wichtig.

ZIEL DER LEKTION Schulterherein ist, wie alle Seitengänge, eine gute Übung zur Förderung der Tragkraft des Pferdes und damit zur Förderung der Versammlung, da das jeweilige innere Hinterbein immer wieder zum vermehrten Untertreten unter den Schwerpunkt aufgefordert wird.

Gleichzeitig wird das Pferd in seiner seitlichen Rumpf- und Halsmuskulatur sehr effektiv gymnastiziert, weil es die innere Muskulatur verkürzen, die äußere gleichzeitig dehnen muss.

Auch die Beweglichkeit des Schultergelenks und somit die freie Bewegung der Vorderbeine aus der Schulter heraus wird gefördert.

Schulterherein sollte immer gleichmäßig auf beiden Händen geübt werden, gerne auch in Verbindung mit einem Wechsel zu ⇢ Travers und ⇢ Renvers. Es ist eine ganzkörperliche Übung für das Pferd und eine gute Koordinationsübung für den Reiter. Das Hin- und Hergleiten zwischen Schulterherein, Travers und Renvers wird von erfahrenen Ausbildern deshalb auch gerne zur Vorbereitung auf ⇢ Piaffe und ⇢ Passage eingesetzt. Das Zulegen aus dem Schulterherein verbessert den Vortritt der Hinterbeine und damit den Schwung.

BESONDERHEIT Fortgeschrittene Lektion; in der Arbeitsphase reitbar; Versammlung Voraussetzung; verbessert die Versammlung; Selbstkontrolle durch Spiegel sinnvoll; schult laterale Beweglichkeit und Tragkraft; Abkürzung im Protokoll: SH (Schulterherein).

SKALA-FAKTOR Takt*, Losgelassenheit*, Anlehnung*, Schwung***, Geraderichtung**, Versammlung**.

Geschmeidig

„Schulterherein ist eine Lektion, ohne die nichts geht. Ein korrektes Schulterherein gehört für mich zur Grundausbildung eines Pferdes. Wenn die abgeschlossen ist, greife ich auch gerne zum Travers. Das ist – vor allem im Wechsel mit Schenkelweichen – eine gute Übung, um Biegung und Versammlung zu fördern.
Dazu reite ich an der langen Seite abwechselnd ein Stück Travers, dann Schenkelweichen und wieder Travers. Wenn die Pferde weiter ausgebildet sind, lässt sich das Travers auch auf dem Zirkel reiten, und hier vor allem beim Zirkel verkleinern und vergrößern.
Dabei sollte das Pferd beim Verkleinern Travers gehen, beim Vergrößern Schulterherein. Eine schöne Übung ist auch, Travers Richtung Mittellinie zu reiten und Schulterherein zurück zum Hufschlag.
Solche Übungen fördern Geschmeidigkeit und Gehorsam. Beginnen kann man mit derartigen kombinierten Seitengängen etwa ab M-Niveau, bei einem systematisch ausgebildeten Pferd also ungefähr Ende des fünften, Anfang des sechsten Lebensjahres. Dabei darf es aber nie zu einem reinen Lektionsabfragen kommen, das ermüdet die Pferde nur.“

JEAN BEMELMANS Reitmeister, Trainer der spanischen Dressur-Equipe

SCHULTERVOR

Eine vorbereitende Vorwärts-Seitwärts-Bewegung, bei der das Pferd mit der Vorhand ein wenig zur Bahnmitte geführt wird, dabei aber nur leicht nach innen gestellt und gebogen ist, während seine Hinterhand auf dem Hufschlag bleibt.

SO SOLL ES AUSSEHEN Das Schultervor ist keine Lektion, die in einer Dressuraufgabe verlangt wird. Es ist vielmehr eine reine Übungs- und Ausbildungslektion. Es soll geschmeidig, taktsicher, schwungvoll, fließend und immer an den Hilfen gezeigt werden. Im Gegensatz zum Schulterherein bleibt das Pferd im Schultervor wesentlich gerader, das heißt ohne echte Längsbiegung. Schultervor wird lediglich in leichter Innenstellung und sanfter Rippenbiegung geritten. Äußeres Vorder- und äußeres Hinterbein bewegen sich auf einem Hufschlag, das innere Hinterbein tritt in Richtung zwischen der Spur der Vorderbeine.

DIE HÄUFIGSTEN FEHLER Abrupt eingeleitet; zu viel Abstellung; ausweichende Hinterhand; über die äußere Schulter ausfallend; Taktstörungen; nicht gleichmäßig; die Linie verlassend; Schwungverlust; eilig; mühsam; gegen die Hand; eng im Hals; im Genick verworfen.

RICHTIGE HILFEN, FEHLER VERMEIDEN Schultervor kann an jeder beliebigen Stelle des Vierecks geritten werden – entweder eine ganze lange Seite entlang oder nur über kurze Strecken. Dazu gibt man am äußeren Zügel zunächst eine halbe Parade, belastet seinen inneren Gesäßknochen ein wenig mehr und gibt mit dem zuvor nachgefassten inneren Zügel etwas Innenstellung. Der innere Schenkel liegt am Gurt, sorgt dort für eine leichte Rippenbiegung und treibt das innere Hinterbein in die Richtung zwischen der Spur der Vorderhufe. Der äußere Schenkel liegt verwahrend hinter dem Gurt, der äußere Zügel begrenzt die Stellung. Nimmt das Pferd das Schultervor nicht an und läuft stattdessen über die äußere Schulter weg, kann vorübergehende (einige wenige Schritte, Tritte oder

Sprünge) Konterstellung Abhilfe schaffen. Geht der Schwung verloren, sollte die Übung abgebrochen und nach einigen Metern geradeaus wieder neu angesetzt werden.

ZIEL DER LEKTION Schultervor ist eine Übung, mit der sich sowohl die Koordination des Pferdes verbessern lässt als auch sein Schwung, seine Geraderichtung und seine Versammlung und die gesamte Durchlässigkeit. Auch Problemen im Genick (verwerfen) oder bei Neigung zum „über die äußere Schulter ausweichen" kann man mit Schultervor gut vorbeugen bzw. korrigieren. Vor allem die Galoppade lässt sich durch Schultervor-Arbeit hinsichtlich Geraderichtung und Qualität verbessern.

BESONDERHEIT Weiterführende Lektion; gewisser Versammlungsgrad notwendig; besonders für Galopparbeit geeignet; schult Tragkraft.

SKALA-FAKTOR Takt*, Losgelassenheit*, Anlehnung*, Schwung**, Geraderichtung***, Versammlung**.

Schultervor (links) wird mit deutlich weniger Längsbiegung geritten als Schulterherein (rechts).

Serienwechsel

Die gleichmäßige Abfolge mehrer ⇢ fliegender Galoppwechsel zu vier, drei oder zwei Sprüngen oder von Sprung zu Sprung.

Fliegende Wechsel von Sprung zu Sprung...

SO SOLL ES AUSSEHEN Serienwechsel sollen in sich gerade, bergauf und im gleich bleibenden Tempo und Rythmus des Galopps gesprungen werden. Alle „Fliegenden" sollen gleich weit durchgesprungen werden. Dabei muss der Reiter darauf achten, dass er die Wechsel auf der geforderten Linie gleichmäßig verteilt. Sind beispielsweise auf einer ganzen Diagonalen fünf fliegende Wechsel zu vier Sprüngen gefordert, sollte der dritte Wechsel genau über die Mittellinie gesprungen werden.

DIE HÄUFIGSTEN FEHLER Sprungzahlfehler; Wechsel nicht gleich mäßig durchgesprungen; (einzelne Wechsel) nachgesprungen; schwankend; nicht auf gerader Linie; mit hoher Kruppe; aufkommende Spannung; wenig bergauf; flach; über wenig Boden; eng werdend; auf die Vorhand kommend; mit festem Rücken; aufwendige Reiterhilfen; missglückt.

RICHTIGE HILFEN, FEHLER VERMEIDEN Bevor Pferd und Reiter sich an Serienwechsel heranwagen, sollten die einzelnen fliegenden Wechsel auf jeden Fall losgelassen und problemlos auf die Hilfe gelingen. Serienwechsel sind nämlich nichts anderes als sicher gerittene einzelne Wechsel – nur eben in einem vorgegebenen Rhythmus hintereinander. Begonnen wird mit Viererwechseln, die Einerwechsel (von Sprung zu Sprung) stellen den höchsten Schwierigkeitsgrad dar, da sie eine sichere Versammlung, ein möglichst gerade gerichtetes Pferd und – bei Reiter und Pferd – eine hohe Koordination voraussetzen.

Vierer-, Dreier- und Zweierwechsel sind ähnlich zu reiten. Hier bereitet unerfahrenen Reitern das Zählen anfangs die meisten Schwierigkeiten. Am besten ist es immer, solch schwierige Lektionen auf einem ausgebildeten Pferd zu erlernen und zu erfühlen.

Will man die Wechsel auf der Diagonalen reiten, muss man nach dem ⇢ Abwenden sein Pferd zunächst erst wieder ganz gerade richten und „vor sich" haben. Dazu treibt man ein wenig mehr nach vorwärts und gibt dann zwei, drei Galoppsprünge nach der vollständigen Geraderichtung auf der Diagonalen die Hilfe zum ersten ⇢ fliegenden Wechsel. Dazu stellt man sein Pferd minimal im Genick um und legt gleichzeitig die Schenkel um, das heißt, der bisher äußere Schenkel gleitet nach vorn an den Gurt, während gleichzeitig der bisher innere Schenkel verwahrend hinter den Gurt gelegt wird. Durch das Umlegen verschiebt sich die Hüfte des Reiters beinahe automatisch in die neue Richtung und gibt so die erforderliche Kreuz- bzw. Gewichtshilfe. Das (hoffentlich) folgende Umspringen des Pferdes wird bereits gezählt, also mit Eins. Die kommenden Galoppsprünge, die durch ⇢ halbe Paraden versammelt und bergauf gehalten werden müssen, werden weiter durchgezählt zwei, drei, vier. Etwa zum Ende von Galoppsprung vier folgt die nächste Wechselhilfe, so dass Sprung fünf wieder ein Fliegender wird. Um nun nicht die Übersicht zu verlieren, wie viele Wechsel am Ende der Diagonalen geritten wurden, zählt man folgendermaßen***eins***, zwei drei, vier; ***zwei***, zwei, drei, vier; ***drei***, zwei, drei, vier usw. Das Gleiche gilt für Dreier- und Zweierwechsel. Wer immer noch Schwierigkeiten mit dem Zählen hat oder mit seinen Hilfen immer einen Wimpernschlag zu spät ist, kann anfangs ruhig laut mitzählen.

Wechsel von Sprung zu Sprung werden nicht von jedem Pferd (und nicht von jedem Reiter) erlernt. Sie sollten deshalb nur erfahrenen Reitern und für diese Lektion talentierten Pferden vorbehalten werden, da ein zu verbissenes Üben der „Einer" zu Spannung führen kann und darunter möglicherweise auch die übrigen Serienwechsel leiden könnten.

Bei den Einerwechseln sollte die Hilfengebung des Reiters auf das Notwendigste reduziert sein, um das Pferd so wenig wie möglich in dieser hochkonzentrierten Lektion zu stören, ihm aber trotzdem die notwendige Unterstützung zu geben. Optimal ist es, wenn die Serienwechsel fast nur noch aus einer leichten, kaum sichtbaren Hin- und Herverschiebung der Reiterhüfte geritten werden.

...wichtig ist, dass das Pferd gerade bleibt

Bei allen Serienwechseln sollte sich der Reiter bemühen, das Pferd möglichst gerade zu halten und nicht unnötig hin- und herzustellen. Je gerader das Pferd in Körper und Hals während der Wechsel bleibt, desto einfacher wird es. Bei den Einerwechseln wird fast gar nicht mehr umgestellt. Will man einem Pferd Serienwechsel beibringen, beginnt man zunächst an der langen Seite, wo man am besten zunächst nur zwei „Fliegende" (a vier Sprüngen), verlangt und zwar vom → Handgalopp zum → Außengalopp und zurück zum Handgalopp. Gelingt dies spannungsfrei, kann man die Zahl langsam erhöhen und dann die Wechsel auch auf der Diagonalen abfragen. Klappen die Vierer, arbeitet man sich entsprechend zu den Dreier- und Zweierwechseln hoch. Erst wenn auch die sicher sitzen, sollte man sich an die Einerwechsel heranwagen. Hierzu am besten zunächst nur zwei Einerwechsel versuchen, also „Eins-Eins". Dann wieder ein paar normale Galoppsprünge reiten und wieder „Eins-Eins" verlangen. Erst wenn dies gut klappt, einen dritten „Einer" dranhängen, also Sprung-Sprung-Sprung. Bei begabten und gut gerittenen Pferden macht es nach einiger Zeit oft „Klick", so dass auf einmal vier, fünf oder mehr Einerwechsel gelingen. Zwischenzeitlich auftretende Rückschritte sind normal und sollten nicht überbewertet werden. Einfach die Ruhe bewahren, wieder zurück zur Losgelassenheit kommen und es ein paar Tage später erneut versuchen.

ZIEL DER LEKTION Serienwechsel werden als spezieller Schwierigkeitsgrad in Dressurprüfungen der Klasse S und höher verlangt. Sie sind außerdem eine gute Überprüfung der reiterlichen Einwirkung und der Feinabstimmung zwischen Pferd und Reiter sowie des Gerittenseins des Pferdes.

BESONDERHEIT Fortgeschrittene Lektion; in der Arbeitsphase reitbar; ansteigender Schwierigkeitsgrad von Vierer- bis Einerwechsel; erfordert hohe Koordination, Kriterium der S-Dressur.

SKALA-FAKTOR Takt, Losgelassenheit, Anlehnung, Schwung, Geraderichtung, Versammlung.

STARKER SCHRITT/TRAB/GALOPP

Tempobezeichnung innerhalb einer Grundgangart, bei der das Pferd im Vergleich zu den anderen Tempi den größtmöglichen Raumgriff und Bodengewinn innerhalb der entsprechenden Grundgangart zeigt und dabei seinen Rahmen erweitert.

SO SOLL ES AUSSEHEN Alle starken Tempi – egal ob im Schritt, Trab oder Galopp – zeichnen sich dadurch aus, dass das Pferd nicht schneller wird, sondern durch größere Bewegungen bei tätiger Rückenmuskulatur mehr Raumgriff erreicht. Dabei muss der jeweilige Takt der Grundgangart erhalten bleiben, im Schritt also der Viertakt, im Trab der Zweitakt und im Galopp der Dreitakt, und sich – bei gleichmäßiger Anlehnung – der Rahmen des Pferdes erweitern.

Starker Schritt Im starken Schritt soll das Pferd entsprechend seiner anatomischen Möglichkeiten weit aus der Schulter vorfußen, wobei seine Hinterbeine ebenfalls weit über die Spur der Vorderhufe hinaus fußen.
Im Vergleich zum → Mittelschritt soll die Schrittlänge deutlich größer sein. Der starke Schritt soll fleißig und energisch abfußend gezeigt werden. Die dabei entstehende natürliche Nickbewegung des sich leicht nach vorwärts-abwärts an das Gebiss herandehnenden Pferdehalses muss von einer weichen, mitgehenden Reiterhand zugelassen werden.

Starker Trab Im starken Trab soll das Pferd – ebenfalls im Rahmen seiner natürlichen Möglichkeiten – zur größtmöglichen Schwungentfaltung bei energischem Schub und entsprechendem Raumgriff kommen, wobei die Hinterhufe deutlich über die Spur der Vorderhufe fußen.

Starker Galopp Der starke Galopp zeichnet sich durch größtmöglichen Bodengewinn in den einzelnen Galoppsprüngen aus. Der Unterschied zum Mittelgalopp muss klar erkennbar sein, ohne dass das Tempo „schneller" wird. Die Galoppsprünge sollen rund und bergauf sein.

Beim starken Schritt soll das Pferd möglichst weit vor- und überfußen.

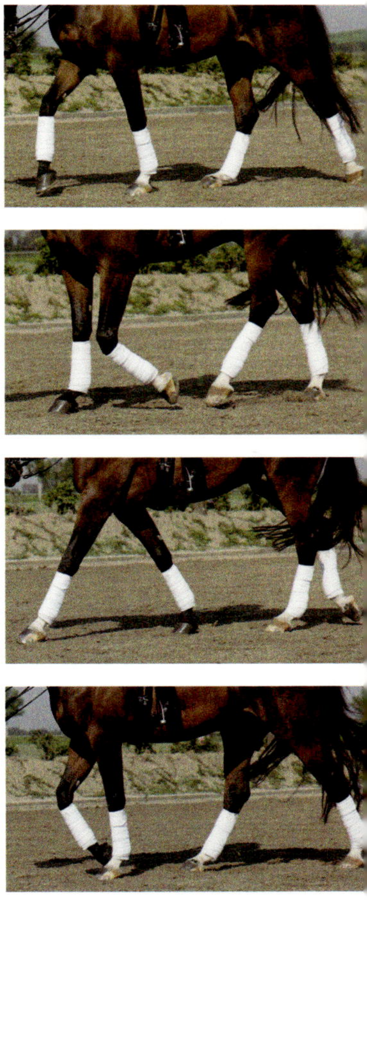

DIE HÄUFIGSTEN FEHLER

Starker Schritt Taktstörungen; passartig; Pass wenig Fleiß; gebunden; wenig Übertritt; übereilt; wenig Halsdehnung; eng im Hals; über dem Zügel; kein Unterschied zum Mittelschritt.

Starker Trab Taktfehler; eilig; laufend; auf der Vorhand; wenig Schub; hinten breit; mit Spannung; mit festgehaltenem Rücken; strampelnde Vorderbeine; eng im Hals; hinter der Senkrechten; gegen die Hand; angaloppiert.

Starker Galopp Flach; über wenig Boden; vorhandlastig; schief; auf zwei Hufschlägen; stürmend; eng im Hals; hinter der Senkrechten; gegen die Hand.

RICHTIGE HILFEN, FEHLER VERMEIDEN In allen drei Grundgangarten muss der Reiter im starken Tempo versuchen, die Hinterhand des Pferdes zum vermehrten Vortreten bzw. Vorschwingen aufzufordern. Die treibenden Kreuz- und Schenkelhilfen stehen hier also im Vordergrund, wobei jedoch die verhaltenen Zügelhilfen nicht vergessen werden dürfen, da sie dem Pferd den gewünschten Rahmen vorgeben.

Im starken Trab wird der größtmögliche Raumgriff im Trab erreicht.

Starker Schritt Wie in allen Schritt-Tempi sollte der Reiter zunächst versuchen, sich der natürlichen Schreit-Bewegung des Pferdes anzupassen, indem Gesäß und Becken des Reiters im Takt des Schritts von hinten nach vorn quasi durch den Sattel „wischen". Dieses Wischen sollte aber nicht in einen Bauchtanz ausarten, sondern mit relativ ruhigem Oberkörper vonstatten gehen. Um den für den starken Schritt notwendigen vermehrten Vortritt der Vorderbeine und Übertritt der Hinterbeine des Pferdes zu erreichen, wird dieses natürliche „Wischen" ein wenig verstärkt, verbunden mit stärker vorwärts treibenden Schenkelhilfen. Dabei fassen die Unterschenkel diagonal, bzw „über Kreuz", zu. Tritt also das rechte Vorderbein des Pferdes vor, treibt der linke Reiterschenkel, tritt das linke Vorderbein vor, treibt der rechte Reiterschenkel. Das dadurch entstehende weitere Vorfußen des Pferdes erfordert eine stärkere Halsdehnung, die der Reiter durch beidseitiges Nachgeben unterstützen muss. Um trotzdem die Anlehnung zu erhalten, muss die Reiterhand im Rhythmus der natürlichen Nickbewegung des Pferdeshalses leicht vor- und zurückgehen.

Starker Trab Ein optimaler starker Trab kann nur aus einem guten versammelten Tempo entwickelt werden, da erst in der Versammlung die notwendige Hankenbiegung erreicht wird, die wiederum Voraussetzung für die Übertragung des Kraftimpulses von der vermehrten Tragkraft (Versammlung) hin zur äußersten Schubkraft (Verstärkung) ist.
Kommt der Reiter nun aus dem versammelten Trab, muss er mit Kreuz und beidseitigem kurzen Schenkeldruck (ruhig zwei, drei Impulse hintereinander setzen) die Hinterhand des Pferdes noch mehr heranbringen – so, als ob er eine Feder noch ein wenig mehr zusammendrücken wollte. Nach dem Gesetz von der Erhaltung der Energie (wir erinnern uns vielleicht dunkel aus der Schulzeit ...) baut sich auf diese Weise Energie auf, die auf Entladung wartet. Beim Reiten – und hier nun im starken Trab – geschieht dies in dem Moment, in dem der Reiter die Zügel etwas nachgibt und dem Pferd erlaubt, die aufgebaute Energie durch erweiterte Tritte nach vorne herauszulassen.

Abfangen

Starker Trab hat nichts mit „Gas geben" zu tun. Um den entsprechenden Ausdruck zu erhalten, muss der Reiter den Vorwärtsimpuls des Pferdes Tritt für Tritt leicht abfangen.

Damit dies auch kontrolliert geschieht und Taktfehler oder Angaloppieren vermieden werden, muss der Reiter in der Verstärkung durch ein feines Zusammenspiel von vortreibenden, vorgebenden und durchhaltenden Hilfen diesen Spannungsbogen aufrecht erhalten (der allerdings nichts mit Verspannung zu tun hat!).

Starker Galopp Auch der starke Galopp benötigt als Grundlage einen guten versammelten Galopp, um rund und bergauf gesprungen zu werden.
Im Prinzip sind die Hilfen zum starken Galopp ähnlich denen zum starken Trab, mit dem Unterschied, dass im Trab beidseitig gleichmäßig getrieben und eingewirkt wird. Im Galopp dagegen belastetder Reiter seinen inneren Gesäßknochen stärker, sein äußerer Schenkel liegt verwahrend hinter dem Gurt und wird vermehrt mit dem inneren Schenkel nach vorn getrieben, während mit der inneren Hand eine leichte Innenstellung vorgegeben wird.
Trotzdem muss, ähnlich wie im starken Trab, vor der Galoppverstärkung Energie aufgebaut werden. Also auch im Galopp zur Vorbereitung auf das starke Tempo die Hinterhand durch halbe Paraden und kurze Impulse „wach machen“ und erst im Moment der Impulsübertragung von Trag- zur Schubkraft die Hände vorgeben und Halsdehnung erlauben.

ZIEL DER LEKTION Sämtliche starke Tempi sind eine recht gute Überprüfung der bisherigen Ausbildungsarbeit, da sie wirklich optimal nur dann gelingen können, wenn das Pferd sicher an den Hilfen steht, in sich gerade gerichtet ist und sein Rücken mitarbeitet – die Skala der Ausbildung also Schritt für Schritt erfüllt ist. Nur dann wird der starke Schritt schreitender, da das Pferd seinen Rücken aufwölben und an die Reiterhand herantreten kann. Und nur dann werden auch starker Trab und starker Galopp ausdrucksvoller, weil sie aus einer gestärkten und aktiven Hinterhand bei schwingendem Rücken gezeigt werden können.
Darüber hinaus lässt sich vor allem durch den starken Galopp, zwischenzeitlich immer mal wieder in die Arbeit eingebaut, auch die Freude des Pferdes an der Bewegung erhalten.

Starker Galopp soll – so wie hier gezeigt – über möglichst viel Boden und in der Tendenz bergauf gehen.

BESONDERHEIT Fortgeschrittene Lektionen; in der Arbeitsphase reitbar; ab M-Niveau verlangt; schult die Schubkraft (und setzt diese voraus); Abkürzungen im Protokoll: SS (starker Schritt), ST (starker Trab), SG (starker Galopp).

SKALA-FAKTOR Takt, Losgelassenheit*, Anlehnung, Schwung**, Geraderichtung, Versammlung*.

Nie zu viel verlangen

In den starken Tempi, egal ob Schritt, Trab oder Galopp, sollte ein Reiter nicht zu viel verlangen, sondern die Grenzen seines Pferdes akzeptieren. Das gilt vor allem für den starken Trab, den manche Reiter mit "schnellem Tempo" verwechseln und dem Pferd eine Art Stechtrab abverlangen. Weniger ist hier oft mehr. Wichtiger als spektakuläres Strampeln sind ein gleichbleibender Takt und ein mitarbeitender Rücken. Das gleiche gilt für Schritt und Galopp. Sollte ein Pferd von Natur aus eher begrenzt sein, kann man die starken Tempi zumindest optisch etwas aufpolieren, indem man vorher und nachher die Tempounterschiede noch deutlicher herausarbeitet.

STELLUNG

Seitliche Wendung des Pferdekopfes mit dem Genick als Drehpunkt.

SO SOLL ES AUSSEHEN: Stellung ist – ebenso wie ⇢ Biegung/⇢ Längsbiegung – weder Lektion, noch Übung. Sie ist jedoch ein Vorgang, der so grundsätzlich zum Reiten gehört und Voraussetzung so vieler Lektionen und Übungen ist, dass er hier erklärt werden soll. Stellung spielt sich, wie gesagt, in erster Linie im Genick ab. Von dort aus setzt sie sich ganz leicht durch den Pferdehals fort. Die Ohren des Pferdes müssen dabei auf gleicher Höhe bleiben. Viele Reiter machen den Fehler, ihr Pferd zu viel zu stellen und dauernd am inneren Zügel zu ziehen im Glauben, es auf diese Weise „an den Zügel" reiten zu können. Stattdessen erreichen sie nur, dass sich das Pferd auf den inneren Zügel legt, über die äußere Schulter wegläuft, nicht unter seinen Schwerpunkt tritt und seinen Rücken nicht aufwölbt. „Überstellen" schadet also mehr als es nutzt. Gestellt werden soll ein Pferd gerade so weit, dass es im Genick nachgibt und man dabei das innere Pferdeauge schimmern sieht. (Siehe hierzu auch im Folgenden „Reiten-in-Stellung".)

DIE HÄUFIGSTEN FEHLER: zu viel gestellt (überstellt); nicht im Genick; sondern am Widerrist abgestellt; Kopf herumgezogen; über die äußere Schulter ausweichend; gegen die Hand; eng im Hals.

RICHTIGE HILFEN, FEHLER VERMEIDEN: Um Stellung zu erreichen, werden in erster Linie Zügelhilfen gegeben. Im Allgemeinen erfordert die Vorbereitung auf eine Lektion Innenstellung. Hierzu fasst der Reiter zunächst den inneren Zügel ein wenig kürzer, um dann seine aufrecht stehende Faust (Daumendach oben) aus dem Handgelenk aus ein wenig nach innen zu drehen. Diese Bewegung sollte bei rittigen und durchlässigen Pferden eigentlich reichen. Weniger gut gerittene Pferde brauchen zunächst schon mal eine etwas intensivere Hilfengebung, so dass die Bewegung gegebenenfalls aus einer leichten Rück- oder Seitführung der ganzen Hand ausgeführt werden muss. Dem muss aber sofort ein Nachgeben folgen, um ein „Auf den inneren Zügel Legen" zu verhindern.

ZIEL DER LEKTION: Stellung ist dazu da, die Nachgiebigkeit eines Pferdes im Genick zu überprüfen. Sie ist darüber hinaus Vorbereitung der meisten Lektionen und Übungen, angefangen vom simplen → Abwenden bis hin zur Einleitung von → Galopp-Pirouetten. Stellung wird in einem Großteil der Fälle in Verbindung mit Biegung gegeben. In diesem Fall spricht man von → Längsbiegung. Nur ein korrekt gestelltes und gebogenes Pferd kann Wendungen gelenkschonend absolvieren.

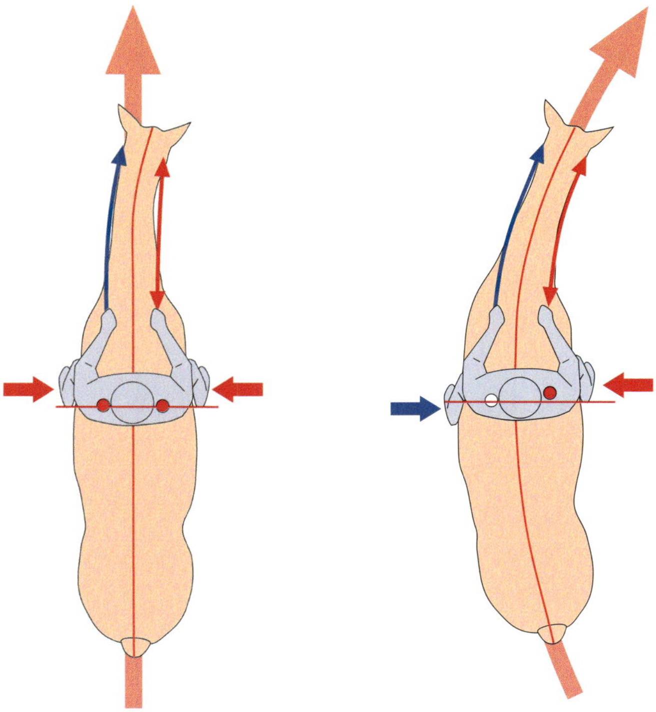

Der Unterschied zwischen Stellung und Biegung: Das linke Pferd ist gestellt, das rechte gestellt und gebogen (Längsbiegung).

BESONDERHEIT: Voraussetzung für viele Lektionen; Grundlage für pferdeschonendes Reiten; schult laterale Beweglichkeit des Genicks und der Halsmuskulatur.

SKALA-FAKTOR: Takt, Losgelassenheit*, Anlehnung**, Schwung, Geraderichtung*, Versammlung.

ERGÄNZEND HIERZU

REITEN-IN-STELLUNG

Das Abstellen des Pferdehalses über mehrere Meter bei gleichzeitig leichter Rippenbiegung. Vorübung für spätere Vorwärts-Seitwärts-Bewegungen.

SO SOLL ES AUSSEHEN Beim „Reiten-in-Stellung“ muss darauf geachtet werden, dass das Pferd im Genick und in der Ganasche nachgibt, dort also „hohl“ wird und nicht am Schulteransatz. Ein in Stellung gehendes Pferd bleibt im Körper in sich gerade, das heißt, sein Hals wird nicht seitlich „abgeknickt“.
Es bewegt sich taktsicher und im gleich bleibenden Tempo in der jeweiligen Grundgangart, gibt im Genick nach, biegt seinen Hals ein wenig mehr, wird dadurch am inneren Zügel leichter und tritt vermehrt an den äußeren Zügel heran. Das innere Vorder- und Hinterbein spuren dabei auf einem Hufschlag, das äußere Hinterbein spurt ein wenig innen neben der Spur des äußeren Vorderbeins.

DIE HÄUFIGSTEN FEHLER Zu viel Abstellung; überstellt; mit festem Genick; gegen den inneren Zügel; „lose“ im Widerrist (Hals bewegt sich vom Widerrist/Schulteransatz nach innen, Pferd macht dabei die Ganasche nicht hohl); im Genick verworfen.

RICHTIGE HILFEN, FEHLER VERMEIDEN Für das „Reiten-in-Stellung“ wird wieder der innere Zügel etwas nachgefasst. Der Reiter dreht dann seine Hand geringfügig nach innen und gibt den äußeren Zügel ein wenig vor. Das Pferd sollte darauf mit einer seitlichen Wendung des Kopfs vom Genick aus reagieren, wobei sich der äußere Halsmuskel klar abzeichnen soll, der innere scheint optisch flacher zu werden.
Beim Umstellen sollten die Halsmuskeln sichtbar „umspringen“,

das heißt, der zuvor gut definierte wird flach, der andere nun deutlich sichtbar. Wird ein Pferd zum ⇢ Abwenden gestellt, geschieht dies nur kurz. „Reiten-in Stellung" kann sich dagegen als gymnastizierende Übung über mehrere Meter hinziehen. Dabei muss man allerdings darauf achten, nicht zu viel zu stellen, dem Pferd also nicht den Kopf herumzuziehen. Damit würde man nämlich das innere Hinterbein blockieren und auf Dauer mehr Verkrampfung und Spannung als Dehnung und Lockerung erreichen.
„Reiten-in-Stellung" ist auch in Verbindung mit Biegung möglich. Stellung und Biegung ergeben gemeinsam die ⇢ Längsbiegung, was nichts weiter heißt, als dass ein Pferd vom Genick bis zum Schweifansatz gleichmäßig einer gebogenen Linie (z.B. Zirkel, Volte) angepasst ist. Verlangt man also in der Längsbiegung das „Reiten-in-Stellung", muss etwas mehr Stellung als normal abgefragt werden, und zwar so lange, bis das Pferd im Genick nachgibt. Am besten geht dies auf dem ⇢ Zirkel.
In dem Augenblick, in dem das Pferd seine Ganasche hohl macht, muss der Reiter sofort mit der inneren Hand nachgeben und das Pferd auf diese Weise „belohnen". Zu vermeiden ist jedoch ein rhythmisches Zupfen im Takt der Bewegung am inneren Zügel, da dies das Genick nicht geschmeidiger macht, dafür aber das Pferdemaul abstumpft.

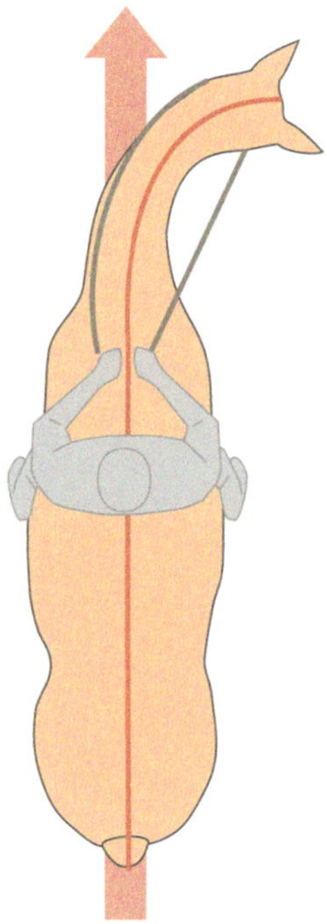

Falsch ist es, den Hals des Pferdes zur Seite zu ziehen, es zu „überstellen".

ZIEL DER LEKTION „Reiten-in-Stellung" ist eine gymnastizierende Übung. Mit ihr lässt sich die Nachgiebigkeit von Genick und Ganasche fördern – Voraussetzung für das Gelingen vieler anderer Lektionen. Außerdem verbessert die Übung die Längsbiegung eines Pferdes und fördert das schmalere Spuren des äußeren Hinterbeins.

BESONDERHEIT Grundlagenübung; reitbar in den versammelten und Arbeits-Tempi aller Grundgangarten; fördert laterale Beweglichkeit des Genicks und der Halsmuskulatur.

SKALA-FAKTOR Takt*, Losgelassenheit**, Anlehnung**, Schwung*, Geraderichtung***, Versammlung*.

T

VON „TEMPIWECHSEL“ BIS „TRITTE VERLÄNGERN“

Traversale im Trab

TEMPIWECHSEL

Begriff mit zwei unterschiedlichen Bedeutungen:
1.) ⇢ fliegende Galoppwechsel von Sprung zu Sprung (siehe ⇢ Serienwechsel, S.146);
2.) Wechsel des Tempos innerhalb einer Gangart (siehe ⇢ Übergänge, S.169).

TRAVERS

Vorwärts-Seitwärts-Bewegung, bei der das Pferd in Bewegungsrichtung gestellt und gebogen ist, während seine Vorhand auf dem Hufschlag bleibt und seine Hinterhand zur Bahnmitte geführt wird.

SO SOLL ES AUSSEHEN Das Travers soll geschmeidig und schwungvoll nach vorn geritten werden, wobei die Vorder- und Hinterbeine des Pferdes möglichst weit kreuzen sollen. Das Pferd bewegt sich dabei auf vier Hufschlägen. Ein Beispiel zur Verdeutlichung: Auf der linken Hand ist das Pferd nach links gestellt und gebogen, seine Vorhand bewegt sich längs des Hufschlags, seine Hinterhand bewegt sich vier Hufschläge versetzt. Dabei kann das Travers auf jeder Hufschlaglinie, also auch auf der Mittellinie, geritten werden, aöso nicht nur und an der Bande entlang. Beendet wird das Travers, indem der Reiter ähnlich dem Ende einer Volte zum Hufschlag zurückreitet. Travers kann im Schritt, Trab und Galopp geritten werden, hier in erster Linie im versammelten Tempo. Um Schwungverlusten vorzubeugen, kann das Tempo vorübergehend auch mal zum Arbeitstempo hin erhöht werden. Travers im Galopp ist im allgemeinen jedoch zu vermeiden, da sich dadurch die unerwünschte Neigung mancher Pferde, die Hinterhand im Galopp nach innen zu schieben, verstärken kann.

Travers von oben gesehen: Die Vorhand bleibt auf dem Hufschlag, die Hinterhand kommt nach innen.

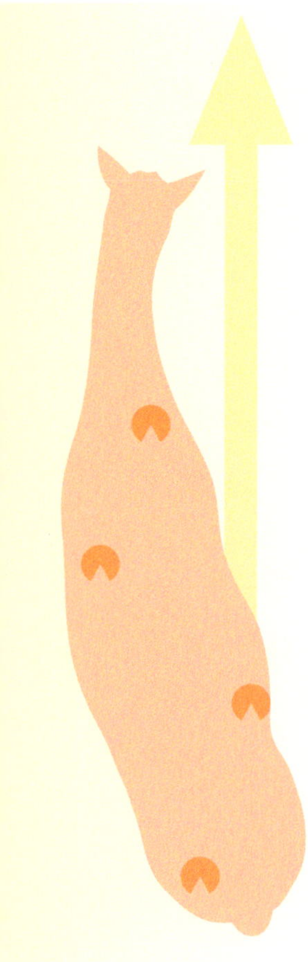

DIE HÄUFIGSTEN FEHLER Zu wenig Abstellung; zu viel Abstellung; zu wenig vorwärts; zu viel seitwärts; eilig; Schwungverlust; Taktverlust; von der Linie abweichend; eng im Hals; gegen die Hand; im Genick verworfen; falsche Gewichtsverlagerung des Reiters (Reiter sitzt nach außen).

RICHTIGE HILFEN, FEHLER VERMEIDEN Ein Travers kann an jeder beliebigen Stelle einer Hufschlaglinie begonnen werden, fängt aber meist nach Durchreiten einer Ecke an. Dies hat den Vorteil, dass Stellung und Biegung der Ecke bereits in das Travers „mitgenommen" werden können. Dazu hält der Reiter am Wechselpunkt eingangs der langen Seite Stellung und Biegung bei, belastet seinen inneren Gesäßknochen mehr und legt dabei den äußeren Schenkel hinter den Gurt und treibt so die Hinterhand seitwärts Richtung Bahnmitte. Der innere Schenkel, um den sich das Pferd nun weiterhin biegt, treibt am Gurt vorwärts. Mit der inneren Hand wird das Pferd in Stellung gehalten, die äußere gibt so viel vor, dass sich seine äußere Hals- und Rumpfmuskulatur dehnen kann, hält aber gleichzeitig so viel Kontakt, dass es nicht über die Schulter weglaufen kann. Beginnt man das Travers nicht aus der Ecke, sondern von einer geraden Linie aus, müssen die innere Zügelhand, der innere treibende Schenkel und der äußere verwahrende Schenkel gleichzeitig aktiv werden. Am Ende des Travers gleitet der äußere Schenkel wieder an seine Ausgangsposition und treibt gemeinsam mit dem inneren Schenkel nur noch vorwärts. Dadurch wird die Hinterhand des Pferdes die parallele Hufschlaglinie verlassen und wieder der Spur der Vorhand folgen.

ZIEL DER LEKTION Wie alle Vorwärts-Seitwärts-Bewegungen schult das Travers die Sensibilität des Pferdes auf die Schenkelhilfen des Reiters. Darüber hinaus gymnastiziert es das Pferd in seiner Längsachse (Längsbiegung), fördert die seitliche Beweglichkeit von Schulter- und Hüftgelenken und verbessert die Lastaufnahme der Hinterhand, vor allem im Wechsel mit → Schulterherein. Travers wird von vielen Reitern außerdem gerne als Vorbereitung auf die → Traversalen eingesetzt.

Im Travers bewegt sich das Pferd in Längsbiegung auf vier Hufschlaglinien.

BESONDERHEIT Fortgeschrittene Lektion; versammelnder Charakter; für die Arbeitsphase geeignet; schult laterale Beweglichkeit und Tragkraft.

SKALA-FAKTOR Takt, Losgelassenheit*, Anlehnung*, Schwung**, Geraderichtung**, Versammlung***.

TRAVERSALE
Vorwärts-Seitwärts-Bewegung entlang einer gedachten diagonalen Linie, bei der sich das Pferd, in Bewegungsrichtung gestellt und gebogen, parallel zur langen Seite fortbewegt, wobei die Vorhand der Hinterhand leicht vorausgeht.

Gut dosieren

Travers und vor allem Traversalen sollten nicht zu früh und nicht zu häufig geritten werden. Die in diesen Lektionen punktuell seitliche Belastung der Extremitäten, die bei höherem Tempo noch ansteigt, macht eine vorsichtige Dosierung notwendig. Gerade jüngere Pferde sind hier sehr anfällig. Je höher und gefestigter die Versammlung, desto geringer die Belastung. Wer dies nicht beherzigt, riskiert bei seinem Pferd Schäden an Sehnen und Bändern sowie besonders an den Gelenkknorpeln!

SO SOLL ES AUSSEHEN Eine Traversale sieht an sich so aus wie ein Travers, mit dem einzigen Unterschied, dass sich das Pferd nicht entlang des Hufschlags bewegt, sondern entlang einer Diagonalen. Dadurch sind Traversalen variierbar. Sie können als ***einfache ganze Traversale*** geritten werden, aber auch als ***halbe, doppelte Halbe***, ***doppelte Ganze*** oder als → ***Zick-Zack-Traversale***.
Die einfachen ganzen Traversalen führen von einer langen Seite diagonal durchs Viereck zur gegenüberliegenden ganzen Seite, die halben Traversalen eben nur von der Mittellinie zum Hufschlag oder vom Hufschlag zur Mittellinie. Doppelte Traversalen (halbe oder ganze) führen wieder zurück zum Ausgangshufschlag. Bei Zick-Zack-Traversalen wird nach vorgegebener Meter- oder Sprungzahl die Richtung gewechselt. Je steiler eine Traversale verlangt wird, also je mehr sie seitwärts geritten werden muss, desto mehr Längsbiegung ist notwendig und desto höher ist ihr Schwierigkeitsgrad. Traversalen können im Schritt, Trab und Galopp geritten werden, hier in erster Linie im versammelten Tempo. Um Schwungverlusten vorzubeugen, kann das Tempo vorübergehend auch mal zum Arbeitstempo hin erhöht werden.
Alle Traversalen sollen geschmeidig, schwungvoll und im Fluss nach vorn geritten werden, wobei die Vorder- und Hinterbeine des Pferdes

möglichst weit zur Seite ausgreifen und kreuzen sollen. Das Pferd ist in der Traversale nach innen gestellt und um den inneren Schenkel gebogen. Es bewegt sich parallel zur langen Seite, wobei seine Vorhand immer ein wenig vorausgehen muss. Eine Traversale ist erst beendet, wenn sich Vor- und Hinterhand wieder auf der Hufschlaglinie befinden.

In der Traversale soll das Pferd weit überfußen.

DIE HÄUFIGSTEN FEHLER Nicht genügend Parallelität; Hinterhand voraus; wenig (kaum) Längsbiegung; Taktverlust; Schwungverlust; wenig geschmeidig; laufend; wenig Kadenz; stockend; zu viel seitwärts bei zu wenig vorwärts; falsch gestellt und gebogen; auf der Vorhand; eng im Hals; im Genick verworfen; gegen die Hand; nicht von Punkt zu Punkt; falsche Gewichtsverlagerung des Reiters (Reiter sitzt nach außen).

RICHTIGE HILFEN, FEHLER VERMEIDEN Um eine Traversale richtig zu beginnen – egal ob sie von der Bande oder von der Mittellinie aus gestartet wird – ist es wichtig, sofort die Vorhand führen zu lassen, um den häufigen Fehler „Hinterhand voraus“ zu vermeiden. Aus diesen Grund sollte der Reiter versuchen, jede Traversalverschiebung in Gedanken aus einem → Schulterherein oder → Schultervor zu beginnen. Dazu wird das Pferd erst in die Bewegungsrichtung gestellt und einen Schritt, Tritt oder Sprung schulterhereinartig geritten, bevor der Reiter seinen äußeren Schenkel weiter hinter den Gurt nimmt, sein Gewicht auf den inneren Gesäßknochen verlagert, mit dem inneren Schenkel am Gurt vorwärts und dem äußeren seitwärts treibt. Gelungen ist die Einleitung, wenn sich das innere Vorderbein des Pferdes als erstes vorwärts-seitwärts in die Bewegungsrichtung bewegt und der „Rest“ des Pferdes diesem Bein folgt. Mit dem inneren Zügel wird dabei die Stellung beibehalten, der äußere gibt ein wenig vor und erlaubt die Dehnung der äußeren Hals- und Rumpfmuskulatur. Sobald das Pferd die Stellung angenommen hat, muss die innere Reiterhand wieder weich werden (Zügel vorgeben), um den Vortritt aus Schulter und Hinterbein nicht zu blockieren.

Linkstraversale mit optimaler seitlicher Schulterfreiheit

Diese schulterhereinartige Einleitung einer Traversale muss der Reiter auch bei jedem Richtungswechsel innerhalb der Traversalverschiebung im Hinterkopf haben soll sie fehlerfrei und geschmeidig fließend gelingen.
Aus diesem Grund ist das Pferd bei jedem Richtungswechsel ganz kurz gerade gestellt, dann einen Moment schulterhereinartig in die neue Bewegungsrichtung, bevor der seitwärtstreibende Schenkel die Hinterhand wieder herbeiholt. Den kurzen Moment des Geraderichtens und Umstellens muss der Reiter dazu nutzen, seinen Sitz auf die neue Bewegungsrichtung einzustellen, also den anderen Gesäßknochen nun mehr zu belasten, den bisher inneren Schenkel als neuen äußeren nach hinten zu nehmen, den bisher äußeren Schenkel zum neuen inneren zu machen und die Zügelhilfen ebenfalls „umzudrehen".
Diese Anhäufung von Hilfen gelingt nur erfahrenen Reitern, da sie eine große Koordination und viel Bewegungsgefühl erfordert. Aus diesem Grund werden Zick-Zack-Traversalen, also der häufige Rechts-Links-Wechsel innerhalb einer Traversalverschiebung, auch erst in höheren Prüfungen verlangt – in Vollendung, das heißt im Galopp mit fliegenden Wechseln bei jedem Richtungswechsel, sogar erst ab Intermediaire II-Niveau.
Einfache oder doppelte-halbe Traversalen werden ab M-Reife verlangt. Doch auch hier kommt es auf die geschmeidige und flüssige Bewegung innerhalb der Traversale an.
Beendet wird die Lektion, indem der Reiter solange Stellung, Biegung und seitwärtstreibende Hilfen aufrecht erhält, bis das Pferd wieder „ganz", also auch seine Hinterhand, auf dem abschließenden Hufschlag ist. Erst dann wird das Pferd wieder geradegerichtet nach vorn geritten.

ZIEL DER LEKTION Traversalen gymnastizieren das Pferd in seiner Längsachse, fördern die seitliche Beweglichkeit von Schulter- und Hüftgelenken und verbessern die Lastaufnahme der Hinterhand. Eine Traversale ist sowohl eine versammelte als auch eine versammelnde Lektion, das heißt, sie schult und verbessert die Versammlungsfähigkeit.

Darüber hinaus sind Traversalen eine gute Überprüfung der reiterlichen Einwirkung, da sie sehr empfindlich auf Sitzfehler „reagieren“.

BESONDERHEIT Fortgeschrittene bis sehr fortgeschrittene Lektion; ab M-Niveau verlangt; in der Arbeitsphase zu reiten; schult laterale Beweglichkeit und Tragkraft.

SKALA-FAKTOR Takt, Losgelassenheit*, Anlehnung, Schwung**, Geraderichtung**, Versammlung***.

Traversalen zur Gymnastik

„Für mich ist eine Traversale eine sehr gute gymnastizierende Lektion. Mit ihr kann man wunderbar an der Längsbiegung arbeiten – und die wiederum ist gleichzeitig auch Voraussetzung für zu beiden Seiten geschmeidige und gleichmäßige Traversalen. Über Traversalen kann man einem Pferd auch gut beibringen, an den äußeren Zügel zu kommen.
Zur Vorbereitung arbeite ich ein Pferd zunächst in der Lektions-Kombination Schulterherein-Volte-Schulterherein. Gelingt dies gut, gehe ich zu Traversalen über. Sie sollten anfangs sehr flach geritten werden, damit Takt und Schwung auf jeden Fall erhalten bleiben. Erst wenn das Pferd sie sicher und fließend beherrscht, darf man steilere Traversalen in Angriff nehmen.
Sobald hier aber Probleme auftreten, muss man sofort wieder einen Schritt zurück machen und sie erneut flach reiten. Nur so lässt sich erreichen, dass das Pferd auch in steileren Traversalen den Schwung behält und ausdrucksvoll seitlich ausgreift.
Steile Traversalen, wie zum Beispiel im Grand Prix, trainiere ich eher selten, meist nur ein, zwei Tage vor einem Turnier. Überhaupt sollte man das Üben einzelner Lektionen nicht übertreiben. Im täglichen Training sollten – je nach Pferd – zwei bis fünf Traversalen auf jeder Hand ausreichen, während der Lernphase eventuell ein paar mehr. Zu verbissenes Üben verschlechtert eine Lektion nur.“

HUBERTUS SCHMIDT
Mannschafts-Olympiasieger, fünffacher Deutscher Meister der Berufsreiter, Reitmeister

TRITTE VERLÄNGERN

Tempoerhöhung aus dem Arbeitstrab heraus ohne Beschleunigung der Tritte als Vorstufe zum → *Mitteltrab.*

SO SOLL ES AUSSEHEN Korrekt geritten verstärkt das Pferd zum „Tritte verlängern“ seine Schubkraft aus der Hinterhand und kommt so bei gleichbleibendem Takt zu größeren, raumgreifenderen Bewegungen, ohne eiliger zu werden. Entsprechend soll sich auch der Rahmen des Pferdes ein wenig erweitern. „Tritte verlängern“ ist also dem Mitteltrab sehr ähnlich, der Unterschied liegt lediglich in einem „Weniger“ an Raumgriff und „Weniger“ an Bergauf. Aus diesem Grund wird „Tritte verlängern“ als Vorstufe zum späteren Mitteltrab auch nur in Nachwuchsprüfungen (Dressurpferde-A und Dressurreiter-A) verlangt, wobei sich „Nachwuchs“ hier einmal auf Pferd **und** Reiter bezieht.

DIE HÄUFIGSTEN FEHLER Eilig; laufend; Taktfehler; auf der Vorhand; eng im Hals; hinter der Senkrechten; wenig Schub; nur angedeutet; nicht gezeigt; angaloppiert.

RICHTIGE HILFEN, FEHLER VERMEIDEN Die Hilfengebung zum „Tritte verlängern“ entspricht im Großen und Ganzen der zum Mitteltrab, lediglich das Ergebnis, also die Verstärkung selbst, ist hinsichtlich Ausdruck und Schwungentfaltung geringer ausgeprägt.
Vor dem „Tritte verlängern“ wird das Pferd, wie vor jeder Lektion, mit halben Paraden aufmerksam macht. Dabei treibt der Reiter mit Kreuz und am Gurt liegenden, kurze Impulse gebenden Schenkeln die Hinterhand mehr heran und aktiviert so die Energie der Hinterbeine. Durch die Vorbereitung auf die Trabverstärkung, die entweder auf der Diagonalen oder entlang des Hufschlags geritten wird, weiß das Pferd bereits, dass es nun bald mehr nach vorn geht. Doch erst muss die Ecke sorgsam durchritten werden, ein Vorgang, bei dem die Hinterhand ein weiteres Mal mehr unter den Schwerpunkt gebracht wird, somit ebenfalls ein wesentlicher Teil der Vorbereitung

zum „Tritte verlängern". Erst wenn das Pferd nach der Ecke wieder vollständig geradegerichtet ist, wird die Trabbewegung durch leichtes Handvorgeben und gleichzeitiges vermehrtes Treiben verlängert. Beherzigt man diese Abfolge der Hilfen, wird das „Tritte verlängern" meist ohne Schwierigkeiten klappen. Auftretende Probleme sind fast immer Reaktionen des Pferdes auf fehlerhalfte Einwirkung des Reiters wie zu viel Handeinwirkung, zu wenig Vorbereitung durch Herantreiben der Hinterhand, schiefen oder unruhigen Sitz oder grobe Hilfengebung.

ZIEL DER LEKTION Wie gesagt dient „Tritte verlängern" der Vorbereitung auf den späteren Mitteltrab. Als Vorstufe zu den Verstärkungen wird es vor allem in der ersten Ausbildungphase junger Pferde eingesetzt, da es noch nicht so viel Kraft und Balance erfordert wie ein „richtiger" Mitteltrab.
Im späteren Verlauf der Ausbildung bietet „Tritte verlängern" in Verbindung mit Tempozurücknahme eine gute Möglichkeit, das Pferd in der täglichen Arbeit gezielt zu gymnastizieren, seinen Vorwärtsdrang zu fördern und zu erhalten sowie seine Durchlässigkeit weiter zu verbessern.

Auch beim „Tritte verlängern" steht der Takt an erster Stelle.

BESONDERHEIT Grundlagenübung; am Ende der Lösephase und in der Arbeitsphase zu reiten; schult die Schubkraft; frischt den Schwung auf; motiviert das Pferd zum Vorwärtsgehen; Abkürzung im Protokoll: Tv (Tritte verlängern).

SKALA-FAKTOR Takt**, Losgelassenheit**, Anlehnung**, Schwung*, Geraderichtung, Versammlung.

U

VON „ÜBERGANG“ BIS „ÜBERSTREICHEN“

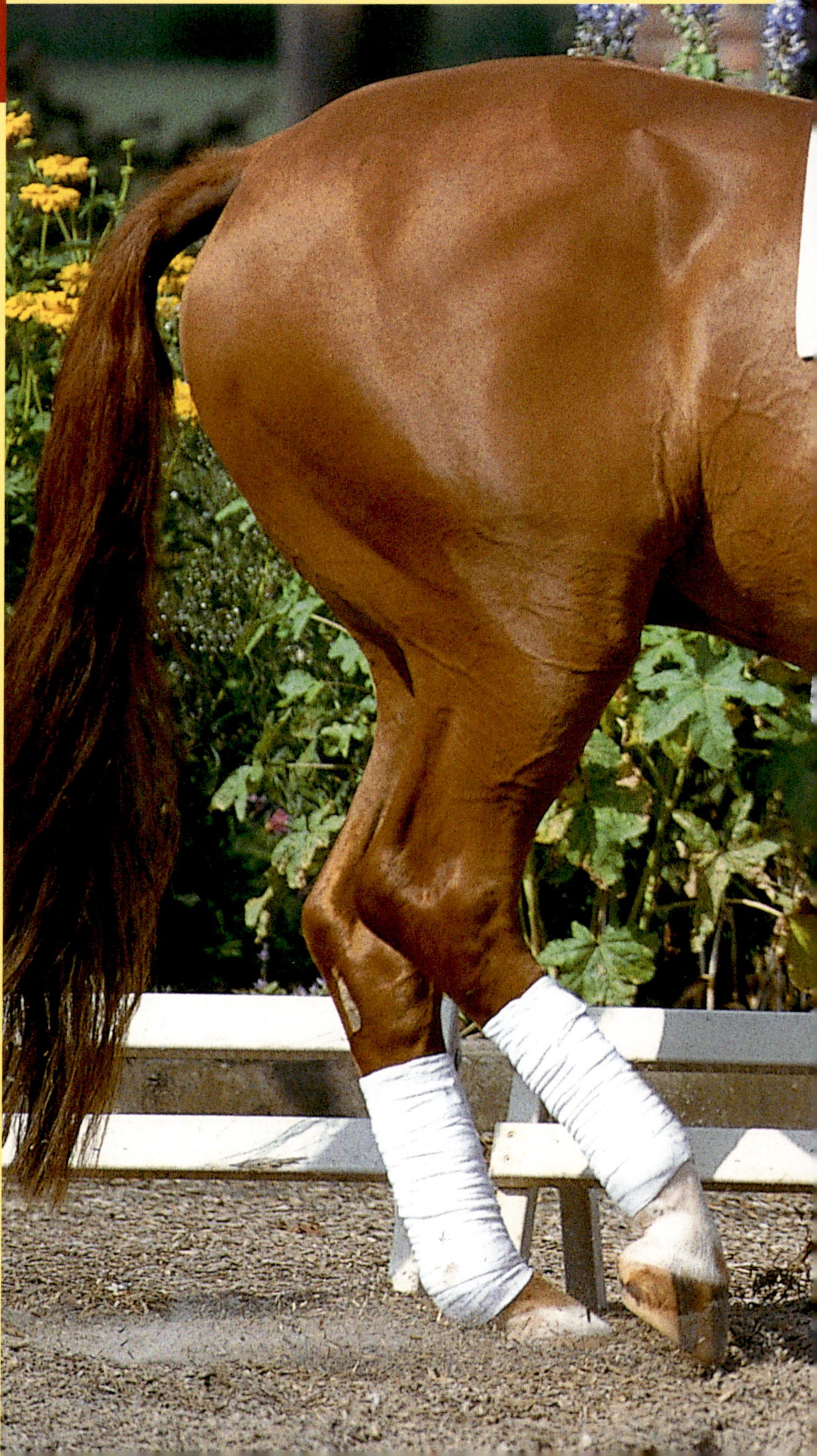

Last aufnehmende Hinterhand beim Übergang

ÜBERGANG

Der Wechsel von einer Gangart in die andere sowie innerhalb einer Gangart von einem Tempo zum anderen.

SO SOLL ES AUSSEHEN Übergänge – und darunter fallen auch alle temporeduzierenden ⇢ halben und ⇢ ganzen Paraden – sollen vor allem fließend und geschmeidig sein und ohne großen reiterlichen Aufwand, beinahe mit unsichtbaren Hilfen geritten werden. Dabei soll das Pferd weiterhin gleichmäßig an den Hilfen stehen, sich ein wenig an die Reiterhand herandehnen und sein Genick immer oben halten. Ein Übergang soll immer das Gefühl (und für den Zuschauer den visuellen Eindruck) vermitteln, ganz zwanglos von hinten nach vorne zu gelingen.
Bei Übergängen innerhalb einer Gangart, zum Beispiel beim Zulegen zu einer Verstärkung oder bei der Rückführung in die Versammlung, muss der deutliche Impuls immer zunächst aus der Hinterhand kommen und von ihr auch wieder aufgefangen werden. Nur wenn das gelingt, ist gewährleistet, dass der Übergang geschmeidig und ohne Stockung funktioniert. Auch bei Übergängen von einer Gangart in die andere ist der „Motor" die Hinterhand. Sie ermöglicht es dem Pferd, den Gangartenwechsel durch den Körper fließend zu absolvieren.

DIE HÄUFIGSTEN FEHLER Stockend; gegen die Hand; eng (im Hals) werdend; wenig durchlässig; spät entwickelt; auslaufend; nicht deutlich markiert; auf der Vorhand; mit Taktstörungen; Hinterhand hinten heraus; wenig/keine Lastaufnahme.

RICHTIGE HILFEN, FEHLER VERMEIDEN Übergänge sind das A und O der Pferdeausbildung. Wer sie gekonnt beherrscht, ist auf dem richtigen Weg. Bei der Hilfengebung muss man die unterschiedlichen Arten der Übergänge berücksichtigen. Handelt es sich a) um ein Zulegen oder b) eine Zurückführung innerhalb einer Gangart (→ Tempowechsel), c) um einen Übergang in bzw. d) aus eine(r) anderen Gangart oder e) einen Übergang zwischen zwei Lektionen (z.B. → Piaffe und → Passage).

Allen Übergängen ist gemein, dass sie ein perfektes Zusammenspiel zwischen vortreibenden und zurückhaltenden Hilfen voraussetzen. Will der Reiter innerhalb einer Gangart zulegen (a), also das Tempo erhöhen, muss er mit den treibenden Kreuz- und Schenkelhilfen die Hinterhand bereits in der Vorbereitung vermehrt unter den Schwerpunkt bringen (wie in den Lektionen → Tritte verlängern, → Mitteltrab und → Mittelgalopp beschrieben) und dann im richtigen Moment durch Nachgeben der Zügel den dadurch aufgebauten Vorwärtsdrang herauslassen. Die vortreibenden Hilfen haben also, in Verbindung mit der vorgebenden Hand, beim Zulegen mehr Gewicht. Bei der Zurückführung, also dem Einfangen (b), ist es umgekehrt.

Übergang innerhalb einer Gangart: Als Folge des Aufnehmens (links) schließt sich das Pferd (rechts) vermehrt.

Auch hier muss der Reiter zwar mit beiden Schenkel weiter treiben, um die Hinterhand aktiv zu halten und somit zur jetzt nötigen vermehrten Lastaufnahme zu befähigen. Gleichzeitig werden aber mit beiden Zügeln verstärkt durchhaltende Hilfen gegeben, um den erweiterten Rahmen des Pferdes wieder zu verkürzen, was wiederum – richtig ausgeführt – ebenfalls zur Senkung der Hinterhand führt. Die durchhaltenden Hilfen dürfen aber nicht in Ziehen ausarten, da dies den Rücken und damit die Hinterhand blockieren und eine Lastaufnahme behindern und sogar verhindern würde. Dieses Zusammenspiel der vortreibenden und durchhaltenden Hilfen nennt man auch ⇢ halbe Paraden.

Diese werden bei der nächsten Form der Übergänge gegeben, dem Wechsel zwischen den Gangarten (c, d). Will der Reiter aus einer niederen Gangart in eine höhere (c), gibt er zunächst eine halbe Parade, um sein Pferd aufmerksam zu machen. Anschließend gibt er die Hilfen entweder zum ⇢ Antraben oder zum ⇢ Angaloppieren. Die Reaktion des Pferdes darauf soll spontan und ohne irgendwelche Zwischenschritte oder -tritte erfolgen.

Spontan sollen auch die Übergänge von einer höheren Gangart in eine niedrigere sein (d). Hier gibt es drei Möglichkeiten: vom Trab zum Schritt, vom Galopp zum Trab oder vom Galopp zum Schritt.

Übergang Trab – Schritt Der Reiter nimmt beide Zügel ein wenig mehr ran, indem er die Fäuste kurz leicht nach innen dreht. Gleichzeitig treiben die Unterschenkel (leichter, impulsartiger Druck aus den Waden) die Hinterbeine des Pferdes mehr unter den Schwerpunkt. Zügel- und Schenkelhilfen werden (kaum sichtbar) in schneller Folge gegeben, bis das Pferd die halbe Parade angenommen hat und durchpariert. Im selben Moment müssen die Reiterhände geschmeidig vorgleiten und dem Pferd Halsdehnung, Schulterfreiheit und damit auch das weite Vortreten der Hinterbeine erlauben. Je nach Schritt-Tempo muss auch das Zügelmaß verändert, sprich der Zügel länger gelassen werden. Mit Kreuz und Schenkel wird weiterhin im Takt des Schritts an die Hand herangetrieben.

Übergang Galopp – Trab Am besten gelingt dieser Übergang, wenn man statt aufwändig einzuwirken die Galopphilfen einfach beendet:

Jeder Übergang soll ganz zwanglos geschehen.

Extra-Noten

Übergänge sind von so grundlegender Bedeutung für die richtige Arbeit mit dem Pferd, dass sie in Dressuraufgaben deshalb gesondert benotet werden. So gibt es in Dressurprüfungen ab L bereits eigenständige Noten für die Übergänge vor bzw. nach Verstärkungen. Diese gesonderte Bewertung zieht sich bis zum Grand Prix-Niveau durch. Hier sind es vor allem die Noten für die Übergänge in die Piaffe und Passage, die in der Gesamtwertung einen nicht unerheblichen Stellenwert einnehmen. Bei (je nach aktuell geltender Fassung) rund 36 Einzellektionen entfallen immerhin allein sechs Noten auf die Übergänge zwischen Piaffe und Passage und hier sowohl für den Übergang von der Passage in die Piaffe als auch von der Piaffe in die Passage oder aber vom Trab in die Passage, von der Passage in den Trab bzw. den Galopp.

den äußeren Schenkel nach vorn gleiten lassen, die leichte Innenstellung aufgeben und beide Gesäßknochen wieder gleichmäßig belasten. Die meisten Pferde fallen dann beinahe von sich aus in den Trab. In dem Moment muss der Reiter allerdings schon etwas mehr einwirken, damit das Pferd nicht über die Vorhand läuft. Also genau in dem Augenblick, in dem das Pferd pariert und den Trab annimmt, muss der Reiter wieder vermehrt mit Kreuz und Schenkel an die zunächst stehende, dann wieder etwas nachgebende Hand treiben. Dadurch wird erreicht, dass die Hinterbeine mehr nach vorne durchschwingen und sich die Vorhand etwas heben kann. Nimmt das Pferd den Übergang vom Galopp zum Trab nicht an und galoppiert weiter, hilft es meist, es kurz ein wenig nach außen zu stellen.

Übergang Galopp-Schritt Um einen gelungenen Übergang vom Galopp zum Schritt hinzubekommen, muss man sich zunächst im Geiste den Galopprhythmus, also den Dreitakt, verinnerlichen. Auf diese Weise bekommt man mit der Zeit ein Gefühl für den Moment der freien Schwebe, also den Moment, in dem für einen kurzen Augenblick alle Beine des Pferdes in der Luft sind. Die Hilfen zu einem gelungenen Schritt-Übergang müssen dann gegeben werden, wenn diese freie Schwebe beginnt. In diesem Augenblick sind nämlich die Hinterbeine des Pferdes im Begriff, weit unter den Körperschwerpunkt zu greifen, das Pferd bewegt sich also aufwärts. Diese Aufwärtstendenz wird noch die nächsten drei Phasen beibehalten, bevor die Bewegung naturgemäß wieder Richtung Boden geht. Wird die Hilfe zum Schritt im richtigen Moment gegeben, wird auch der Übergang mit Aufwärtstendenz gelingen. Gibt man sie dagegen im falschen Moment, also in den letzten beiden Phasen vor der freien Schwebe, kann das Pferd nur auf die Vorhand fallen. Da in der Versammlung die Schwebephase verlängert ist (Kadenz), erklärt sich auch, warum ein Schritt-Übergang mit einem gut versammelt und „rund" bergauf galoppierenden Pferd meist leichter ist als mit einem, das sich noch nicht so gut setzen kann. Die Hilfe zum Übergang selbst besteht aus: Vorgleitenlassen des äußeren Schenkels bei Aufgabe der leichten Innenstellung, Herantreiben mit beiden Schenkeln an die Reiterhand und vermehrter Gabe von durchhaltenden

Zügelhilfen. In dem Augenblick, in dem das Pferd die halben Paraden angenommen und den Dreitakt des Galopps zum Viertakt des Schritts gewechselt hat, muss der Reiter nachgeben, gegebenenfalls die Zügel länger lassen und Halsdehnung erlauben. Nur so kann sich der Rücken des Pferdes auch im Moment des Parierens aufwölben und einen taktsicheren Übergang sowie einen taktreinen folgenden Schritt ermöglichen.

Die schwersten Übergänge sind die zwischen → Piaffe und → Passage (e). Sie erfordern ein Höchstmaß an Kraft, Koordination und Durchlässigkeit beim Pferd sowie ein Höchstmaß an Gefühl und Koordination beim Reiter und werden aus diesem Grund erst ab Intermediaire II-Niveau verlangt. Auch diese Übergänge – sowohl die von der Passage in die Piaffe als auch die von der Piaffe in die Passage – sollen fließend, zwanglos und ohne Taktfehler gelingen. Der Kraftaufwand für das Pferd ist enorm, da zwischen einer trabartigen Bewegung mit extrem kurzer Schwebephase (Piaffe) und einer Trabbewegung mit aufs Höchstmaß verlängerten Schwebephase (Passage) gewechselt wird. Die Übergänge können nur gelingen, wenn sowohl die Piaffe als auch die Passage vom Pferd korrekt erlernt wurden.

Übergang Passage – Piaffe Nähert sich der Reiter dem Punkt, an dem die Piaffe absolviert werden soll, muss er beginnen, die durchhaltenden Zügelhilfen etwas zu verstärken, gleichzeitig sein Gewicht ein wenig nach vorn zu verlagern und mit beiden Schenkeln gleichseitig und gleichzeitig an die stehende (aber leicht „mitatmende") Hand heranzutreiben. Durch die Kombination dieser Hilfen wird die Schwebe der Passage durchbrochen und aufgegeben, die Hinterhand des Pferdes senkt sich noch stärker und auch die Vorderbeine können taktmäßig auf der Stelle auf- und abbewegt werden.

Übergang Piaffe – Passage Dieser Übergang ist für die meisten Pferde noch schwerer, da sie aus der extremen Tragkraft der reinen Auf- und Abbewegung der Hinterbeine eine Aufwärts-Vorwärtsbewegung machen müssen und dabei ihr ganzes Körpergewicht (und das des Reiters) in die verlängerte freie Schwebe heben müssen. Mit der richtigen Hilfengebung kann der Reiter sein Pferd hierbei unterstützen, aber auch dies ist sehr schwer.

Beim Übergang von der Piaffe (Foto 1 und 2) in die Passage (Foto 3) muss das Pferd die Aufwärtsbewegung in eine Vorwärts-Aufwärts-Bewegung umwandeln.

Zunächst einmal muss der Reiter dem Pferd in der Piaffe durch vermehrt vorwärts treibende Schenkelhilfen (bei gleichzeitig zurückhaltenden Zügelhilfen) schon signalisieren, dass es gleich „raus" geht, raus aus der Piaffe und rein in die Passage. Dann gibt er im richtigen Moment mit beiden Zügeln ein wenig vor, um die Bewegung des Pferdes vorzulassen. Gleichzeitig wird bei leicht entlastendem Sitz ein etwas stärkerer Vorwärtsimpuls aus beiden Waden gegeben – eine Hilfenkombination, die dem Pferd ermöglicht, sich aus der Hinterhand nach vorn-oben abzustoßen und dabei seinen Rücken weiterhin aufzuwölben. Damit das Pferd nun nicht einfach in den Trab fällt, muss im Antritt schon wieder mit den Zügeln abgefangen und gleichzeitig an leichtem, nicht quetschendem Bein weiter getrieben werden. Kleiner Tipp: Werden Sie in diesem Übergang nicht hektisch, lassen Sie sich und dem Pferd Zeit, den neuen Rhythmus zu finden. Denken Sie weniger an „rausreiten" als an „rauslassen". Dann gelingt der Übergang meist zwangloser.

ZIEL DER LEKTION Übergänge sind die Kniebeugen der Pferdeausbildung. Sie sind, egal in welcher Form, Muskeltraining pur. Und zwar in erster Linie für die Hinterhand- und Rückenmuskulatur. Denn alle Übergänge zeichnen sich dadurch aus, dass der Reiter

sein Pferd für einen Augenblick zur vermehrten Hankenbeugung, also zum vermehrten Anwinkeln seiner Hinterhandgelenke, auffordert. Diese Hankenbeugung ist für das Pferd quasi die allgemein bekannte Kniebeuge aus dem Sportunterricht. Denn im Moment der Hankenbiegung – so wie im Moment einer Kniebeuge – werden die tragenden Muskeln der Hinterbeine gefordert und so auf Dauer aufgebaut und gestärkt.
Darüber hinaus kommen beim Reiten von Übergängen immer viele Reiterhilfen zusammen, wodurch sich – vorausgesetzt die Hilfen werden richtig gesetzt – der Pferderücken aufwölbt und somit gekräftigt wird und sich in Verbindung mit der stetig wachsenden Hinterhandkraft auch die Durchlässigkeit des Pferdes verbessert. Übergänge kann man aus diesem Grund also den Dreh- und Angelpunkt der gesamten Reiterei nennen.

BESONDERHEIT Übung von leicht bis sehr schwer; außer Piaffe-Passage-Übergängen jederzeit zu reiten; schult Schub- und Tragkraft.

SKALA-FAKTOR Takt*, Losgelassenheit**, Anlehnung***, Schwung***, Geraderichtung*, Versammlung***.

ÜBERSTREICHEN

Auch „Zügel überstreichen". Das deutliche Vorgeben beider Zügelfäuste entlang des Mähnenkamms Richtung Pferdemaul für die Dauer einiger Tritte oder Sprünge.

SO SOLL ES AUSSEHEN Beim Überstreichen soll der Reiter beide Hände nach vorn Richtung Pferdemaul bewegen und zwar etwa so weit, dass seine Arme fast bis zur Streckung kommen. Zügel und Zügelfäuste werden dabei entlang des Mähnenkamms nach vorn geführt. Beim Überstreichen erweitert das Pferd seinen Rahmen ein wenig vorwärts-abwärts, bleibt aber in gleich bleibendem Tempo an den Hilfen stehen. Überstreichen kann man theoretisch in allen Grundgangarten, verlangt wird es im Allgemeinen im Trab und im Galopp.

DIE HÄUFIGSTEN FEHLER Nur angedeutet; nicht gezeigt; zu kurz; zu hohe Hände; gegen die Hand; mit Kopfschlagen; auf die Vorhand kommend, Anlehnung geht verloren.

RICHTIGE HILFEN, FEHLER VERMEIDEN Da Überstreichen keine Lektion im eigentlichen Sinne, sondern vielmehr eine Übung ist, kann man bei der Ausführung des Überstreichens nicht von Hilfengebung sprechen. Trotzdem kann man richtiges Überstreichen üben. Am besten ist es hierzu, das Pferd kurz vor dem Überstreichen für einen kleinen Augenblick lang mit einer winzigen Links-Rechts-Bewegung der Hände bei gleichzeitigem Vortreiben aus Kreuz und

Beim Überstreichen soll das Pferd sicher an den Hilfen bleiben.

Schenkel etwas tiefer im Genick einzustellen. Damit hat man ihm schon die Richtung angedeutet, in die es während des Überstreichens auch weiterhin seinen Hals dehnen soll. Das Überstreichen selbst darf nicht ruckartig vonstatten gehen, da sich das Pferd vor der plötzlich vorschnellenden Reiterhand erschrecken könnte. Besser ist es, in einer langgezogenen und geschmeidigen Bewegung die Hände vorzugeben und sie ebenso geschmeidig wieder in die Ausgangsposition zu bringen.

ZIEL DER LEKTION Überstreichen ist im Verlauf einer Dressuraufgabe für die Richter eine gute Möglichkeit der Überprüfung von Anlehnung, Losgelassenheit und Gehorsam eines Pferdes. Gibt es in diesem Bereich verdeckte Probleme, fallen sie beim Überstreichen meist auf. Vor allem Pferde, die von körperlich starken Reitern mehr zwischen Hand und Gebiss hart eingespannt, sind statt in leichter Anlehnung an den Hilfen zu stehen, werden sich im Moment der vermeintlichen Freiheit, also im Moment des Überstreichens, gegen diese brutale Handeinwirkung wehren. In der täglichen Arbeit ist Überstreichen deshalb auch für den Reiter selbst immer wieder eine gute Kontroll-Möglichkeit, die über den tatsächlichen Stand von Anlehnung, Losgelassenheit und Gehorsam Auskunft gibt. Diese Selbstkontrolle lässt sich auch unauffällig immer wieder kurz einbauen, denn Überstreichen muss nicht (außer in Dressurprüfungen) gleich über mehrere Meter hinweg geritten werden. Es reicht schon, hin und wieder mit beiden Händen für ein, zwei Tritte oder Sprünge ein wenig mehr als beim normalen Nachgeben vorzugehen. Reagiert das Pferd mit Schnellerwerden, Stürmen, Kopfschlagen oder sonstwie unerwünscht, muss man seine bisherige Arbeit überdenken und verbessern.

BESONDERHEIT Grundlagenübung; sollte jederzeit möglich sein; Abkürzung im Protokoll: Ü (Überstreichen).

SKALA-FAKTOR Takt*, Losgelassenheit**, Anlehnung*, Schwung**, Geraderichtung, Versammlung.

VW

VON „VERSAMMLUNG“ BIS „WENDEN“

Versammelter Trab

VERSAMMLUNG

Ein innerhalb aller drei Grundgangarten mögliches Tempo, bei der sich das Pferd im Rahmen und in seiner Schritt-, Tritt- und Sprungweite verkürzt, seine Hinterhand senkt und seine Vorhand gleichzeitig dem Grad der Versammlung entsprechend mehr aufrichtet.

SO SOLL ES AUSSEHEN Ganz gleich, ob Versammlung im Schritt, im Trab oder im Galopp verlangt wird – sie soll immer taktsauber sein und Erhabenheit ausstrahlen. Diese Erhabenheit entsteht letztlich durch das Verkürzen und Heben von Hals und Vorhand bei gleichzeitig vermehrter Lastaufnahme aus der Hinterhand. Stehen Senken und Heben der Hinterhand von Hals und Vorhand in direkter Entsprechung, ist der gewünschte Zustand der relativen Aufrichtung erreicht. Ist nur der Hals des Pferdes nach oben gezogen, seine Hinterhand aber nicht entsprechend gesenkt, spricht man von absoluter Aufrichtung – eine unerwünschte und fehlerhafte Haltung. Abhängig von der entsprechenden Grundgangart ist das Erscheinungsbild der Versammlung ein wenig unterschiedlich.

Versammelter Schritt Im versammelten Schritt verkürzen sich die Schritte der Vorder- und Hinterbeine, wobei die Hinterhufe hinter der Spur der Vorderhufe bleiben sollen. Dabei soll jedes einzelne Bein deutlich angehoben und akzentuiert wieder aufgesetzt werden. Körper und Hals des Pferdes schieben sich ein wenig zusammen, das Genick ist höchster Punkt, die Stirnlinie kommt näher zur Senkrechten.

Versammelter Trab Im Gegensatz zum Schritt gibt es im Trab und im Galopp einen Moment der freien Schwebe, in dem kein Bein Bodenkontakt hat. Im Trab ist dies der Moment des Wechsels der diagonalen Beinpaare. Versammlung zeichnet sich im Trab neben dem Verkürzen von Trittweite (die Hinterhufe treten nur knapp in die Spur der Vorderhufe) und Körpersilhouette sowie Senkung der

In der Versammlung wird das Pferd erhabener und ausdrucksvoller.

Systematischer Kraftaufbau

„Man sollte im Training vor allem auf die Stärken der Pferde eingehen. Natürlich muss man auch an den Schwächen arbeiten, aber nicht verbissen. Leider nehmen sich viele Reiter nicht die Zeit, Lektionen durch Gymnastizierung und systematischen Kraftaufbau in Ruhe zu erarbeiten. Stattdessen verlangen sie wieder und wieder dieselbe Lektion, bis sie immer schlechter wird. Statt zum Beispiel unzählige Pirouetten zu reiten, sollte man lieber durch Versammlungsarbeit die Lastaufnahme verbessern. Die Pirouetten werden dann von selber besser. Schritt-Galopp-Arbeit in kurzer Folge ist hier immer ein Prüfstein, denn dies fördert den Kraftaufbau und die Durchlässigkeit. Dabei bevorzuge ich die Übergänge von Handgalopp zum Schritt und wieder zum Handgalopp."

HOLGER SCHMEZER
Bundestrainer Dressur

Hinterhand vor allem durch eine Verlängerung dieser freien Schwebe bei schwingendem Rücken und federnden Gelenken der Extremitäten aus. Das Pferd bleibt länger in der Luft, Kadenz entsteht. Je nach Ausbildungsstand ist diese weniger oder mehr ausgeprägt, man spricht von Versammlungsgrad. Am höchsten ausgeprägt ist er bei ausgebildeten Pferden ab S-Niveau.

Versammelter Galopp Auch der versammelte Galopp wird charakterisiert durch eine verlängerte Schwebephase und damit erhabenere Sprünge bei verkürztem Rahmen. Je länger die Schwebe, desto mehr Zeit hat das Pferd, mit seiner Hinterhand weit unter seinen Schwerpunkt zu kommen, bevor es zunächst ein Hinterbein wieder auf den Boden aufsetzt. Im versammelten Galopp soll das Pferd durch Körperhaltung, Galoppsprung und Dynamik den Eindruck vermitteln, es würde ganz in Ruhe einen Berg hinaufgaloppieren.

DIE HÄUFIGSTEN FEHLER ***Versammelter Schritt*** Taktstörung; passartig; Pass; zackelnd; matt; wenig Fleiß; nur langsam; schleppend; wenig erhaben; hinter der Senkrechten; nicht an die Hand herantretend (am Gebiss klappernd); wenig versammelt, tastend.

Versammelter Trab Matt; nur langsam; schwunglos; eng im Hals; auf der Vorhand; hinter der Senkrechten; in absoluter Aufrichtung; über dem Zügel; ungleich im Tempo; wenig versammelt; mit festgehaltenem Rücken; Schweifschlagen; Spanntritte; Schwebetritte.

Versammelter Galopp Kein klarer Dreitakt; Vierschlaggalopp; eng im Hals; hinter der Senkrechten; in absoluter Aufrichtung; mit festgehaltenem Rücken; zu frei im Tempo; nicht genügend gesetzt; kratzend; wenig bergauf; eilige Sprungfolge; flach.

RICHTIGE HILFEN, FEHLER VERMEIDEN Für die Versammlung gibt es an und für sich keine gesonderten Hilfen. Vielmehr werden die für die jeweilige Grundgangart bisher bereits im Arbeitstempo angewandten Hilfen in der Versammlung eigentlich nur mit einer anderen Gewichtung gegeben. Allen versammelten Tempi gemeinsam ist das Verkürzen des Zügels als wichtige Voraussetzung.

Versammelter Schritt Im Schritt folgt dann parallel zu diesem

Zügelverkürzen auch ein etwas geringeres „Durchwischen“ des Sattels. Der Reiter bleibt ruhiger, unbeweglicher sitzen und treibt das Pferd – bei durch den Zügel verkürztem Hals – mit Kreuz und Schenkeln weiter im Takt des Schritts an die Hand heran nach vorn und gibt dabei halbe Paraden. Dadurch ist er in der Lage, auch die Schrittlänge der Hinterbeine zu kontrollieren.

Versammelter Trab Das Gleiche geschieht letztlich im Trab. Auch hier lässt der tief sitzende Reiter im Moment des Zügelnachfassens die Hand etwas mehr stehen und bringt die Hinterhand durch vermehrtes Treiben zu aktiverem, deutlicherem Abfußen. Die Bewegung der Hinterbeine kann sich aber – eben wegen der vermehrt durchhaltenden Hand – nicht weiter nach vorn entwickeln, sondern wird quasi in ein stärkeres Winkeln der Gelenke umgewandelt, das zur Senkung der gesamten Hinterhand und somit zur Versammlung beiträgt. Sobald sich das Pferd auf diese Weise versammelt, muss der Reiter wieder leichter in der Hand werden. Dieses Zusammenspiel von Treiben, Abfangen und Loslassen zieht sich Tritt für Tritt durch die gesamte Versammlung und macht aus einem laufenden einen tänzerischen Trab.

Versammelter Galopp in schöner Aufwärtstendenz und relativer Aufrichtung

Skala der Ausbildung

„Als Richter kann ich an jeder einzelnen Lektion feststellen, ob ein Pferd korrekt geritten ist – das heißt, nach der Skala der Ausbildung. Neben den vielen formalen Kriterien wie 'am richtigen Punkt ankommen' oder 'die Linie einhalten', werden bei Lektionen die einzelnen Punkte der Skala abgefragt. Bei jeder Lektion steht also die Taktreinheit vorne an, gefolgt von der Anlehnung und so weiter. Als Richter muss man sich deshalb bei der Beurteilung einer jeden Lektion klar darüber werden, inwieweit die Ausbildungsskala erreicht ist. Formale Fehler sind für mich weniger bedeutend als konzeptionelle Fehler, und letztere liegen eben dann vor, wenn irgendetwas nicht der Skala der Ausbildung entspricht."

DR. VOLKER MORITZ
Internationaler Offizieller Richter Dressur

Versammelter Galopp Auch in der Galoppade wird Versammlung eigentlich durch nichts anderes erreicht als durch eine Intensivierung aller bis dato sowieso schon bestehenden Galopphilfen. Im Klartext heißt dass: Der äußere Schenkel bleibt verwahrend hinten, der Reiter sitzt – mit leichter Verlagerung auf die inneren Gesäßknochen – ein wenig tiefer im Pferd, die Zügel bleiben etwas mehr „dran", während Kreuz und Schenkel vermehrt an die etwas stärker einwirkende Hand herantreiben. Dadurch „schiebt" sich das Pferd zusammen, verkürzt seinen Galoppsprung, senkt – im Idealfall – seine Hinterhand, springt mehr bergauf und gibt dem Reiter so die Möglichkeit, mit der Hand wieder leicht zu werden – Voraussetzung dafür, dass die Versammlung erhalten werden kann.

ZIEL DER LEKTION Versammlung ist Ziel und Weg zugleich. Ziel, weil es genau das ist, was man durch systematische Ausbildung erreichen will. Nicht aus Spleen und nicht aus Dressur-Tradition, sondern zur Gesunderhaltung des Pferdes. Ein vernünftig zur Versammlung gearbeitetes und aufgebautes Pferd entlastet seine Vorhand und damit seine empfindlichen Vorderbeine und -hufe. Vorzeitigem Verschleiß kann auf diese Weise vorgebeugt werden. Doch Versammlung ist auch Teil des Weges dahin, denn sie wird nicht schlagartig in Perfektion erreicht, sondern nach und nach in langsam anwachsenden Versammlungsgraden entwickelt. Das Arbeiten in gemäßigt versammelten Tempi, in Verbindung mit Übergängen und verschiedenen anderen Lektionen, trägt zum Aufbau der Muskelkraft bei und fördert damit wiederum die abschließende hohe Versammlung – und damit das Ziel.

BESONDERHEIT Fortgeschrittene Arbeit; in der Arbeitsphase abfragbar; Abkürzungen im Protokoll: VS (versammelter Schritt), VT (versammelter Trab), VG (versammelter Galopp); fördert die Kraftausdauer.

SKALA-FAKTOR Takt*, Losgelassenheit*, Anlehnung*, Schwung**, Geraderichtung*, Versammlung**.

VIERECK VERKLEINERN UND VERGRÖSSERN

Vorwärts-Seitwärts-Bewegung im Schritt, bei der das Pferd vom Hufschlag aus zunächst Richtung Bahnmitte und dann wieder zurück zum Hufschlag geritten wird.

SO SOLL ES AUSSEHEN Die Bezeichnung „Viereck verkleinern und vergrößern" macht schon klar, wie diese Lektion aussehen soll – zumindest auf den ersten Blick. Geht man nämlich von einem ganzen Viereck aus, so „schneidet" man beim Verkleinern quasi ein Stück heraus, beim Zurückreiten zum Hufschlag (vergrößern) wird dieser Teil wieder „drangesetzt". Sowohl das Verkleinern als auch das Vergrößern geschieht in einer Vorwärts-Seitwärts-Bewegung ohne Längsbiegung, also dem ⇢ Schenkelweichen verwandt. Ähnlich wie bei einer ⇢ einfachen Schlangenlinie führt auch das „Viereck verkleinern und vergrößern" aus der ersten Ecke der langen Seite heraus vom Wechselpunkt an schräg bis zur Viertellinie (5 m in die Bahn herein) und von dort aus zum Wechselpunkt an der zweiten Ecke der langen Seite zurück. Wird vom Hufschlag weggeritten, ist das Pferd Richtung Hufschlag gestellt. Es bewegt sich fleißig und taktsicher parallel zur langen Seite bei leicht führender Vorhand vorwärts-seitwärts auf einer diagonalen Linie, wird auf der Viertellinie etwa in Höhe der Mitte der langen Seite eine Pferdelänge gerade gerichtet und dann wieder vorwärts-seitwärts zum Hufschlag geritten, wobei es zur Bahnmitte hin gestellt ist.

DIE HÄUFIGSTEN FEHLER Zu viel seitwärts; kaum seitwärts; zu viel im Hals abgestellt; schlecht eingeteilt; mühsam; tastend; wenig fleißig; eng im Hals; im Genick verworfen; gegen die Hand; mit schaukelndem Oberkörper (Reiter).

RICHTIGE HILFEN, FEHLER VERMEIDEN Damit diese Lektion gelingt, ist es wichtig, den Fleiß des Schritts zu erhalten und immer zunächst an Vorwärts und erst dann an Seitwärts zu denken. Dadurch verhindert man, dass das „Viereck verkleinern und vergrößern" zum mühseligen Seitwärtsquetschen verkommt. Kommt man nun aus

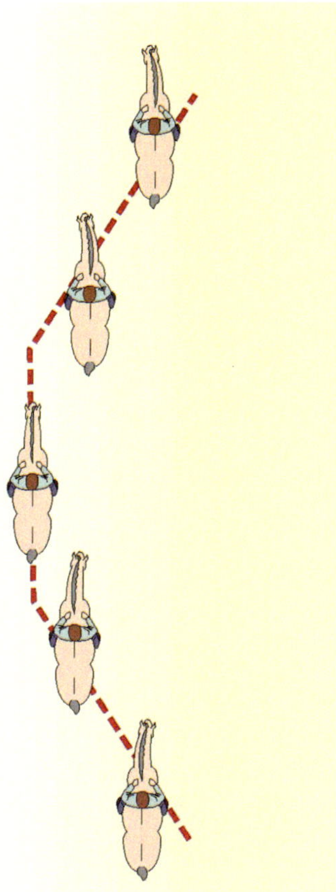

der Ecke heraus, wird das Pferd zunächst mit halben Paraden ein wenig zusammengeschoben und dann im Hals etwas Richtung Bande gestellt. Gleichzeitig gleitet der bis dato äußere Schenkel verwahrend hinter den Gurt, wo er nun vorwärts-seitwärts treibt, während der Reiter mit dem anderen Schenkel und seinen Kreuzhilfen weiterhin nach vorn treibt. Seitwärts treibende, vorwärts treibende und abfangende und nachgebende Hilfen werden im Wechselspiel gegeben, so dass das Pferd weiterhin fleißig schreiten kann und sich im Takt des Schritts vorwärts-seitwärts auf der vorgegebenen Diagonale bewegt.

An der Viertellinie in Höhe der Mitte der langen Seite werden Zügel- und Schenkelhilfen „getauscht". Dazu benötigt man etwa eine Pferdelänge, während der das Pferd gerade gerichtet ist. Ist das Pferd umgestellt (es blickt jetzt Richtung Bahnmitte), fasst der innere Schenkel verwahrend hinter dem Gurt zu und treibt das Pferd vorwärts-seitwärts zum Hufschlag, der äußere Schenkel fängt die Seitwärtsbewegung ab, verhindert also, dass das Pferd nur seitwärts läuft, und unterstützt die Vorwärtsbewegung. Am Wechselpunkt auf dem Hufschlag angekommen, wird das Pferd wieder gerade gerichtet und dann tief in die Ecke geritten, wo es erneut innen gestellt, dann aber auch wieder in seiner Längsachse gebogen wird.

Viereck verkleinern und vergrößern aus der Vogelperspektive

ZIEL DER LEKTION Wie die übrigen Vorwärts-Seitwärts-Bewegungen ist auch das „Viereck verkleinern und vergrößern" eine gute gymnastische Übung. Das innere Hinterbein wird in dieser Lektion in Richtung des Körperschwerpunkts hin aktiver, Geraderichtung und

Losgelassenheit werden gefördert. Darüber hinaus sensibilisiert es das Pferd für den vorwärts-seitwärts treibenden Reiterschenkel und ist damit eine gute Vorbereitung auf spätere Seitengänge wie die Traversalen. Für den Reiter ist es eine gute Schulung zur Hilfenabstimmung und somit eine effektive Koordinationsübung.

BESONDERHEIT Grundlagenübung; im Mittelschritt und im Arbeitstrab (nur im Training) reitbar; Abkürzung im Protokoll: 

SKALA-FAKTOR Takt*, Losgelassenheit**, Anlehnung**, Schwung*, Geraderichtung**, Versammlung.

VIERERWECHSEL

Siehe ⇢ Serienwechsel (S. 146)

VOLTE

Kreisrunde Hufschlagfigur von sechs, acht oder zehn Metern Durchmesser, bei der Anfangs- und Endpunkt gleich sind.

SO SOLL ES AUSSEHEN Eine Volte kann an jeder beliebigen Stelle eines Vierecks geritten werden, meist wird sie – zumindest in Einzelaufgaben – an einem vorgegebenen Bahnpunkt verlangt.
Die Volte soll so geritten werden, dass sie kreisrund ist und ein Lot – gedanklich auf den Abwende- bzw. Ankommpunkt gefällt – die Volte in zwei gleich große Hälften teilen würde. In der Volte ist das Pferd um den inneren Reiterschenkel entsprechend der Voltenlinie gestellt und gebogen, die Hinterbeine bleiben in der Spur der Vorderbeine. Volten können im Schritt, Trab und Galopp geritten werden. Die Größe der Volten ist vorgegeben, es gibt Volten von sechs, acht und zehn Metern Durchmesser, wobei die größeren einfacher zu reiten sind.
Takt und Rhythmus der jeweiligen Gangart müssen auch in der Volte erhalten bleiben.

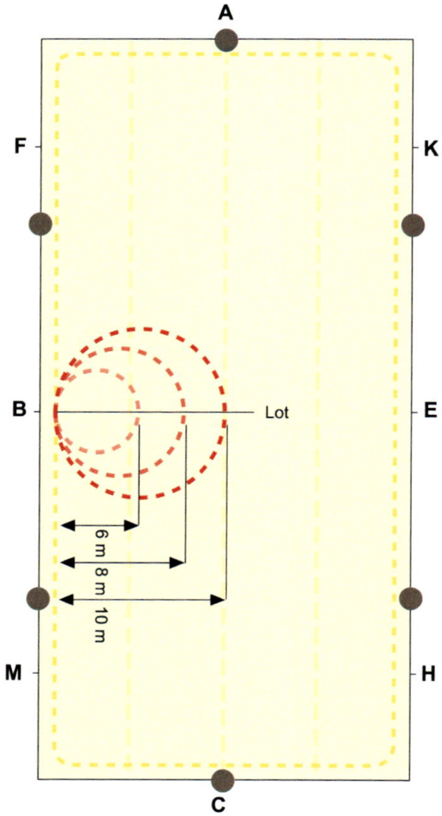

Volten müssen immer rechts und links eines imaginären Lots gleich groß sein.

DIE HÄUFIGSTEN FEHLER Schlecht eingeteilt; nicht kreisrund; zu klein / zu groß; eckig; wenig/keine Längsbiegung; ausweichende Hinterhand; traversartig; herumgezogen; eng im Hals; auf der Vorhand.

RICHTIGE HILFEN, FEHLER VERMEIDEN Volten reiten hört sich einfach an, ist aber komplizierter als man denkt. Zumindest, wenn sie richtig geritten sein sollen. Denn beim Voltenreiten kommt zu der richtigen Hilfengebung und dem entsprechenden reiterlichen Gefühl auch noch ein gewisses räumliches Vorstellungsvermögen hinzu. Wer fähig ist, sich seine Volte vor seinem inneren Auge punktgenau vorzustellen, hat es einfacher. Dazu hilft es auch, sich die Viertellinien eines Vierecks im Geiste einzuprägen. Hat man die im Kopf, ist es viel einfacher, Volten in richtiger Größe zu reiten – zumindest an der langen Seite. Wieso das? Ganz einfach: Ein Viereck misst 20 m in der Breite. Bis zur Mittellinie sind es also 10 m, bis zur Viertellinie folglich 5 m. Eine 10-m-Volte wird also in ihrer äußersten Ausdehnung bis zur Mittellinie geritten, eine 8-m-Volte bis 2 m vor die Mittellinie und eine 6-m-Volte 1 m über die Viertellinie hinaus. Genauso wichtig ist die räumliche Vorstellung der Volten-„Breite". Hierzu braucht man eigentlich nur im Geiste auf den Punkt, an dem die Volte geritten werden soll, ein Lot zu fällen, also eine Senkrechte in 90 Grad zum Hufschlag. Rechts und links dieser Senkrechten müssen beide Volten-Hälften gleich groß sein. Je größer die Volte, desto wichtiger ist es, sie sich räumlich vorzustellen.

Will man nun eine Volte reiten, fasst man den inneren Zügel ein

wenig nach und stellt sein Pferd bereits 1 bis 2 m vor dem Abwendepunkt leicht nach innen. Am Punkt wird dann die Stellung zum ⇢ Abwenden hin verstärkt, der äußere Schenkel gleitet leicht hinter den Gurt, der innere bleibt am Gurt liegen und biegt das Pferd in der Rippe. Der äußere Zügel wird leicht vorgegeben, um die Dehnung der äußeren Hals- und Rumpfmuskulatur zu erlauben und ein Verwerfen zu verhindern. Äußerer Zügel und äußerer Schenkel halten Pferdeschulter und Hinterhand unter Kontrolle.
Hat das Pferd Stellung und Biegung angenommen, muss die innere Zügelhand wieder nachgeben, um dem inneren Hinterbein den Vortritt zu ermöglichen, die Schulterfreiheit zu garantieren und das Pferd nicht aus der Balance zu bringen.
Diese Hilfengebung muss der Reiter bis zum Ende der Volte gleichmäßig beibehalten. Neigt ein Pferd dazu, über die Schulter auszuweichen oder traversartig zu gehen, ist dies meist ein Zeichen von zu fester innerer Reiterhand. Im Extremfall kann hier, wie bei anderen gebogenen Linien auch, zumindest in der Arbeit vorübergehend 1, 2 m in Konterstellung geritten werden.

ZIEL DER LEKTION So wie ⇢ Übergänge das Krafttraining der Pferdeausbildung sind, so sind die Volten die Gymnastikübung der Wahl. In einer Volte verbinden sich gleich mehrere gymnastische Elemente: Verkürzung und damit Stärkung der inneren Muskulatur (Hals, Rumpf), Dehnung und damit Geschmeidigmachen der äußeren Muskulatur (Hals, Rumpf), vermehrte Winkelung einzelner Gelenke (innere Hanken) bei gleichzeitig vermehrter Streckung anderer (äußere Hanken). Da Volten mal auf der linken, mal auf der rechten Hand oder sogar von einer Hand zur anderen als ⇢ Acht geritten werden, wird das Pferd durch sie ganzheitlich gymnastiziert, was wiederum für die Geraderichtung, Punkt Fünf der Ausbildungsskala, Voraussetzung ist. Da ein Pferd in Volten auch immer bemüht ist, sich mit dem inneren Hinterbein vermehrt unter seinen Schwerpunkt zu bewegen, werden auf diese Weise zudem das Gleichgewicht, die Kraft der Hinterhand und damit auch die Versammlung gefördert. So „ganz nebenbei“ kann der Reiter sich bzw. seine Hilfengebung

Unterschätzt

„Volten werden häufig unterschätzt. Um sie wirklich korrekt zu reiten, muss das Pferd schon sehr gleichmäßig rechts und links gymnastiziert sein. Eine richtig gute Volte zu reiten, ist gar nicht so einfach. Volten sind für mich ein Prüfstein. Sie zeigen, wie weit das Pferd gefördert ist hinsichtlich Balance und Ausbildungsstand. Bevor ich mit Volten anfange, muss das Pferd so weit sein, ein Schultervor zu absolvieren. Erst dann gehören Volten für mich in den Ausbildungsplan. Fängt man zu früh mit dem Reiten vor allem von zu kleinen Volten an, kann es passieren, dass die Volte nur als reine Lektion an sich geritten und nicht als Ausbildungswerkzeug verstanden wird. Ein solches Lektions-Abspulen sollte man vermeiden, da es das Pferd nicht weiterbringt.“

RUDOLF ZEILINGER
Dressurausbilder,
Grand Prix-Reiter,
Trainer der dänischen Equipe

In der Vorhandwendung tritt das Pferd um seine Vorderhufe herum...

durch das Reiten von Volten auch selbst kontrollieren. Stimmt die Feinabstimmung nämlich nicht, kommt es gerade in einer Volte ganz zwangsläufig zu Fehlern. Insofern geben Volten auch den Richtern einer Prüfung immer recht gut Auskunft darüber, ob ein Pferd korrekt geritten oder ob es nur „getrickst" wird.

BESONDERHEIT Grundlagenübung; große Volten auch in der Lösephase reitbar, kleinere erst in der Arbeitsphase; Galoppvolten erst ab Klasse L; schult laterale Beweglichkeit, fördert Kraftaufbau; Abkürzung im Protokoll: V (Volte).

SKALA-FAKTOR Takt*, Losgelassenheit**, Anlehnung**, Schwung**, Geraderichtung**, Versammlung**.

VORHANDWENDUNG

Eine 180-Grad-Wendung auf kleinstem Raum aus dem Stand, bei der das Pferd mit seinen Hinterbeinen um seine Vorhand herumtritt, wobei auch die Vorderbeine einen kleinen Kreisbogen beschreiben.

SO SOLL ES AUSSEHEN In der Vorhandwendung soll das Pferd an den Hilfen stehend leicht gestellt, aber ohne Biegung, Schritt für Schritt um die Vorhand herumtreten. Entsprechend dem Kommando „rechts um kehrt" oder „links um kehrt" wird es bei der Wendung rechts oder links gestellt. Die Vorderbeine bleiben während der Lektion nicht am Boden haften, sondern treten im Idealfall auf kleinstem Bogen auf und ab. Ein leichtes nach hinten Treten ist erlaubt.

DIE HÄUFIGSTEN FEHLER Nach vorn getreten; zu viel Stellung; mühsam; rückwärts weglaufend; seitwärts ausweichend; gegen die Hand; herumgezogen.

RICHTIGE HILFEN, FEHLER VERMEIDEN Eine Vorhandwendung ist keine besonders schwere Lektion. Um sie korrekt auszuführen, sollte das Pferd jedoch schon vor der Wendung sicher an den Hilfen sein und auch gerade auf allen vier Beinen stehen. Will man aus dieser Ausgangssituation nun eine Vorhandwendung reiten, stellt man das Pferd ein wenig in die gewünschte Richtung (bei „rechts um kehrt“ also nach rechts) und fasst gleichzeitig mit dem gleichseitigen (in diesem Fall rechten) Schenkel hinterm Gurt zu. Auf diese Weise „drückt“ man die Hinterhand des Pferdes nach und nach zur Seite. Mit durchhaltenden Zügelhilfen wird verhindert, dass das Pferd nach vorne wegläuft. Auf diese Weise kann der Reiter Schritt für Schritt abfragen und das Pferd kontrolliert herumtreten lassen. Soll die Vorhandwendung beendet werden, wird das Pferd wieder gerade gestellt, der seitwärts treibende Schenkel gleitet wieder an seine Ausgangsposition am Gurt zurück, und mit halben Paraden wird das Pferd wieder geschlossen zum ⇢ Halten gebracht.

... und endet in entgegengesetzter Richtung

ZIEL DER LEKTION Die Vorhandwendung ist dazu gedacht, das Pferd an seitwärts treibende Schenkelhilfen zu gewöhnen und diese jederzeit kontrolliert einzusetzen. Darüber hinaus ist es eine praktische Möglichkeit, ein Pferd auf kleinstem Raum zu wenden – nicht nur in der A-Dressur, sondern auch im Gelände oder in einem Allround-Parcours.

BESONDERHEIT Grundlagenübung; nur in Klasse A verlangt; schult Koordination; Abkürzung im Protokoll: VHW (Vorhandwendung).

SKALA-FAKTOR Takt, Losgelassenheit, Anlehnung*, Schwung, Geraderichtung, Versammlung.

WECHSEL

Siehe ⇢ fliegende (S. 55) oder ⇢ einfacher Galoppwechsel (S. 51)

WENDEN

Siehe ⇢ Abwenden (S. 10)

Z

VON „ZICK-ZACK-TRAVERSALE“ BIS „ZWEIERWECHSEL“

Traversalverschiebung

ZICK-ZACK-TRAVERSALE

Von einer Grundlinie aus mehrmals hin und her wechselnde Traversalverschiebung nach vorgegebener Meterzahl mit Umstellung bei jedem Richtungswechsel.

SO SOLL ES AUSSEHEN Der Begriff „Zick-Zack-Traversale" ist zwar gebräuchlich und beschreibt die Lektion sehr treffend, in den Aufgabenheften bzw. Notenbögen wird er allerdings nicht verwendet. Dort heißt die Anweisung beispielsweise „Auf die Mittellinie abwenden. Drei Traversalverschiebungen nach links und rechts zu 5 – 10 – 5 m, links beenden". Nun denn. Mit Zick-Zack ist auch alles gesagt. Und egal, ob im Trab oder Galopp geritten, die Traversale soll geschmeidig nach vorwärts-seitwärts parallel zur Bande geritten werden, bei immer leicht führender Vorhand. Auch in den Richtungswechseln müssen der Fluss erhalten und die Vorhand stets vor der Hinterhand bleiben. Zick-Zack-Traversalen sollen wie an einer Schnur gezogen wirken – taktsicher, rhythmisch und schwungvoll. Dabei soll sich das Pferd gleichmäßig weit rechts und links von der Grundlinie (meist der Mittellinie) entfernen. Zick-Zack-Traversalen im Galopp können bei jedem Richtungswechsel natürlich auch über ⇢ einfache Galoppwechsel geritten werden, normalerweise sind aber ⇢ fliegende Galoppwechsel verlangt. Dabei ist wichtig, dass der Wechsel erst in dem Augenblick gesprungen wird, wenn das Pferd zwischen den beiden Traversalen einen Moment lang gerade gerichtet ist.

DIE HÄUFIGSTEN FEHLER Hinterhand voraus; wenig Parallelität; wenig Längsbiegung; zu viel/zu wenig abgestellt; bei der Umstellung Hinterhand voraus; falsche Tritt-/Sprungzahl; schlecht eingeteilt; herumgezogen; herumgeworfen; zu wenig seitwärts; Schwungverlust; Taktverlust; eng im Hals; auf der Vorhand.

RICHTIGE HILFEN, FEHLER VERMEIDEN Die Hilfen für die Zick-Zack-Traversale sind die gleichen wie für die herkömmlichen ⇢ Traversalen, das heißt: Das Pferd wird mit dem inneren Zügel in Bewegungsrichtung gestellt, der innere Schenkel liegt am Gurt, biegt das Pferd in der Rippe und treibt vorwärts, der äußere Schenkel treibt verwahrend hinter dem Gurt vorwärts-seitwärts. Das Gewicht des Reiters verlagert sich auf den inneren Gesäßknochen, die Schultern des Reiters sind parallel zu den Pferdeohren. In dieser Haltung nähert man sich dem Punkt, an dem die Richtung der Traversale geändert werden soll. Kurz vorher wird bereits die Stellung etwas verringert. Am Umschwenkpunkt angekommen, fängt der bisher innere Schenkel die Seitwärtsbewegung ab und gleitet hinter den Gurt. Gleichzeitig wird der bisher äußere Schenkel nach vorn an den Gurt verlagert. Während dies geschieht, muss der Hals des Pferdes geschmeidig von der einen zur anderen Seite umgestellt und dabei gleichzeitig das Reitergewicht auf den anderen, nun neuen inneren Gesäßknochen verlagert werden. Durch diese Verlagerung verschiebt sich der Schwerpunkt von der einen auf die andere Seite. Da ein Pferd immer geneigt ist, unter den Schwerpunkt zu treten, wird es sich – unterstützt von den vorwärts-seitwärts treibenden Schenkelhilfen und einer richtungsweisenden, aber trotzdem „leichten" inneren Hand – in die neue Richtung bewegen.
Egal ob im Trab oder im Galopp, die Hilfen für den Richtungswechsel in den Zick-Zack-Traversalen sind gleich. Die Schwierigkeit im Galopp liegt jedoch darin, den fliegenden Wechsel im genau richtigen Moment zu reiten. Hier ist es wichtig, sich (und dem Pferd) anfangs Zeit zu lassen und lieber zunächst einen Galoppsprung geradeaus zu reiten, erst dann zu wechseln und in die neue Richtung weiterzureiten. So wird verhindert, dass man sein Pferd herumschmeißt und Fehler provoziert. Hilfreich ist es auch, jeden Richtungswechsel schulterhereinartig einzuleiten, um ein zu weites Vorkommen der Hinterhand zu vermeiden.
In Dressuraufgaben wird die Zahl der zu reitenden Zick-Zack-Traversalen und auch die zu reitende Entfernung rechts und links der Mittellinie genau vorgeschrieben. Im Trab spricht man von „Meter",

im Galopp von „Sprüngen“. Ein Meter im Trab enspricht dabei etwa einem ganzen Seitwärts-Tritt. Ist zum Beispiel eine Rechts-Traversalverschiebung 4 m von der Mittellinie gefordert, beginnt man das Zählen, wenn das rechte Vorderbein die Traversale einleitet, also zur Seite tritt. Gezählt wird dann immer nur das rechte Vorderbein. Bei einer Traversalverschiebung 5 m von der Mittellinie entfernt, müsste man bei dieser Zählweise auf der Viertellinie landen.
Im Galopp zählt man einfach jeden einzelnen Galoppsprung. Je mehr Richtungswechsel und damit Traversalverschiebungen verlangt werden, desto steiler und mit mehr Längsbiegung müssen die einzelnen Traversalen geritten werden – eine Erhöhung des Schwierigkeitsgrades.

ZIEL DER LEKTION Zick-Zack-Traversalen sind für den Reiter und für den Ausbilder oder Richter eine gute Möglichkeit, die Durchlässigkeit und Geschmeidigkeit eines Pferdes zu überprüfen. Nur rittige Pferde, die gleichmäßig auf beiden Händen gymnastiziert sind, werden das Hin- und Herpendeln zwischen den Traversalen so gleichmäßig absolvieren können, wie es verlangt ist.

BESONDERHEIT Fortgeschrittene Lektion; ausschließlich in Versammlung zu reiten; schult Koordination, laterale Beweglichkeit, Tragkraft; Abkürzung: Zick-Zack.

SKALA-FAKTOR Takt*, Losgelassenheit*, Anlehnung*, Schwung*, Geraderichtung, Versammlung*.

In den Zick-Zack-Traversalen soll das Pferd nach rechts und links gleichermaßen weit übergreifen.

ZIRKEL

Kreisrunde Hufschlagfigur zwischen den langen Seiten des Vierecks mit einem Durchmesser von 20 Metern, entweder von den kurzen Seiten aus geritten oder in der Mitte der Bahn mit X als Zirkelmittelpunkt.

SO SOLL ES AUSSEHEN Am häufigsten wird ein Zirkel von den kurzen Seiten eines Vierecks aus verlangt. Er soll kreisrund sein und so angelegt werden, dass seine vier äußeren Punkte die Mitte der kurzen Seite, die beiden Zirkelpunkte (10 m von der kurzen Seite entfernt) und den Mittelpunkt X berühren. Alle Punkte auf einer Zirkellinie müssen von seinem Mittelpunkt gleich weit entfernt sein, die Ecken des Vierecks werden nicht durchritten. Beim Zirkelreiten gibt es noch die Variationen ⇢ „aus dem Zirkel wechseln", ⇢ „durch den Zirkel wechseln" und ⇢ „Zirkel verkleinern und vergrößern". Zirkel können in allen drei Grundgangarten geritten werden.

DIE HÄUFIGSTEN FEHLER Zirkel nicht kreisrund; Zirkel eckig; Zirkel eiförmig; Zirkelpunkte nicht getroffen; Ecken durchritten.

RICHTIGE HILFEN, FEHLER VERMEIDEN Um einen kreisrunden Zirkel zu reiten, sollte man die Hilfen fürs ⇢ Abwenden beherrschen und sich auf die Linie bzw. die vier Zirkelpunkte konzentrieren. Das heißt: Die Zirkelpunkte anvisieren und – ausgehend von dort – immer wieder abwenden wollen. Dazu mit dem inneren Zügel das Pferd entsprechend der Zirkellinie nach innen stellen, den inneren Schenkel am Gurt lassen und den äußeren Schenkel leicht verwahrend hinter den Gurt nehmen, die Hinterhand am Ausweichen hindern und das Pferd auf diese Weise seiner Länge nach biegen. Die äußere Hand geht leicht vor und ermöglicht die Dehnung der äußeren Muskulatur, bleibt aber so viel „dran", dass das Pferd nicht über die Schulter ausweichen kann.

ZIEL DER LEKTION Der Zirkel gehört zu den ersten Lektionen auf gebogener Linie, die man mit einem jungen oder mit einem noch unaufgewärmten Pferd reiten kann, da er groß angelegt ist. So muss das Pferd keine (gelenkbelastende) enge Wendung absolvieren, kann aber trotzdem bereits ein wenig rechts und links in seiner Längsachse gymnastiziert werden. Das Zirkelreiten gehört deshalb zu den lösenden Lektionen. Es bereitet das Pferd schonend auf spätere engere Wendungen vor. Darüber hinaus muss der Reiter, will er einen sauberen Zirkel präsentieren, seine Zügel- und Schenkelhilfen ganz genauf aufeinander abstimmen. Schafft er dies nicht, wird auch der Zirkel nie schön gleichmäßig rund sein. Ein schön runder Zirkel ist also nicht nur eine sinnlose Erfindung nach optischen Gesichtspunkten, ein rund gerittener Zirkel gibt immer auch Auskunft über das Zusammenspiel und die Effektivität der Hilfen und schult diese.

BESONDERHEIT Grundlagenübung; bereits in der Lösephase in allen Grundgangarten reitbar; in der Arbeitsphase auch in erhöhten Tempi (außer starke Tempi) möglich; schult laterale Beweglichkeit; Abkürzung im Protokoll: Z (Zirkel).

SKALA-FAKTOR Takt*, Losgelassenheit**, Anlehnung**, Schwung**, Geraderichtung**, Versammlung.

Auch beim Abteilungsreiten muss jeder Reiter für sich die Zirkelpunkte anreiten.

ZIRKEL VERKLEINERN UND VERGRÖSSERN

Das abwechselnde Verkleinern und Vergrößern eines Zirkels um dessen Mittelpunkt herum.

SO SOLL ES AUSSEHEN „Zirkel verkleinern und vergrößern" ist keine Lektion, die in einer Dressuraufgabe verlangt wird, sondern eine gymnastische Übung für die tägliche Arbeit. Dabei soll das Pferd von einem normalen Zirkel kommend auf einer spiralförmigen Linie immer enger um den Mittelpunkt des Zirkels herum geritten werden, wobei der kleinste Kreis in der Mitte eine 6-m-Volte nicht unterschreiten sollte. Beim Vergrößern wird von dort aus, wieder auf spiralförmiger Linie, nach und nach zum Ausgangshufschlag zurückgeritten. Wichtig ist, dass das Pferd gemäß der Linie innen gestellt und gebogen ist, und dass die Linie immer kreisrund um den Mittelpunkt herumführt.

DIE HÄUFIGSTEN FEHLER Taktverlust; zu viel Innenstellung; wenig Längsbiegung; herumgezogen; ausweichende Hinterhand; über die äußere Schulter laufend; nur schräg zur Mitte geritten (statt in einer Spirale); eiförmig; eng im Hals; auf der Vorhand.

RICHTIGE HILFEN, FEHLER VERMEIDEN Beim „Zirkel verkleinern und vergrößern" wird eigentlich eine Kombination aus Zirkelhilfen und Voltenhilfen gegeben. Das heißt: Während des Verkleinerns wird das Pferd mit dem inneren, verkürzten Zügel nach innen gestellt und um den inneren Schenkel, der am Gurt liegt, gebogen. Dazu gleitet der äußere Schenkel ein wenig hinter den Gurt und hält die Hinterhand in der Spur. Um von der Zirkellinie in einer gleichmäßigen Spirale nach innen zu kommen, muss der Reiter die Zügelhilfe mit der inneren Hand ein wenig verstärken, abwenden wollen und sein Gewicht etwas mehr auf den inneren Gesäßknochen verlagern. Der innere Schenkel hält das Pferd dabei auf der gewünschten Linie und hindert es daran, zu plötzlich nach innen zu laufen. Beim Vergrößern wird die verstärkte Innenstellung (und die damit verbundene stärkere Längsbiegung) zu Gunsten einer „normalen" aufgegeben, so dass das Pferd wieder aus der Volte im Zentrum des Zirkels auf der gewünschten spiralförmigen Linie herauslaufen kann.

ZIEL DER LEKTION „Zirkel verkleinern und vergrößern" ist eine gute Übung, das innere Hinterbein des Pferdes zu fordern und es zum vermehrten Untertreten unter den Schwerpunkt zu bringen. Das gilt für den Trab und den Galopp gleichermaßen. Damit ist die Lektion auch eine geeignete Vorbereitung auf die Versammlung. Ein Tempowechsel innerhalb der Übung – zurücknehmen beim Verkleinern, ⇢ zulegen beim Vergrößern – kräftigt die Muskulatur und erhält den Schwung der Bewegung. Variieren lässt sich das „Zirkel verkleinern und vergrößern", indem man es schulterhereinartig oder im ⇢ Schenkelweichen reitet – mal nacheinander, mal abwechselnd zwischen verkleinern und vergrößern. Auf diese Weise lässt sich die Geraderichtung des Pferdes verbessern. Und zu guter Letzt ist „Zirkel verkleinern und vergrößern" im Galopp auch eine Vorstufe zur ⇢ Arbeitspirouette.

BESONDERHEIT Grundlagenübung; in der Arbeitsphase reitbar; geeignet für Arbeitstempo im Trab und Arbeitstempo sowie versammeltes Tempo im Galopp; schult Tragkraft und Längsbiegung.

SKALA-FAKTOR Takt*, Losgelassenheit**, Anlehnung**, Schwung**, Geraderichtung**, Versammlung**.

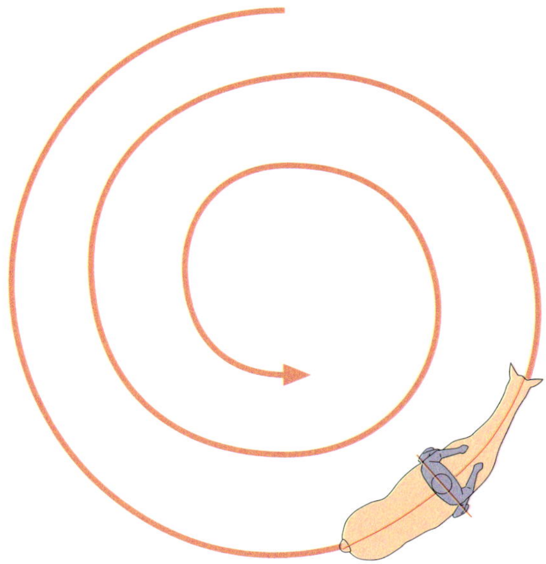

Beim „Zirkel verkleinern" wird das Pferd in gleichmäßigen Bögen Richtung Zirkelmittelpunkt geritten...

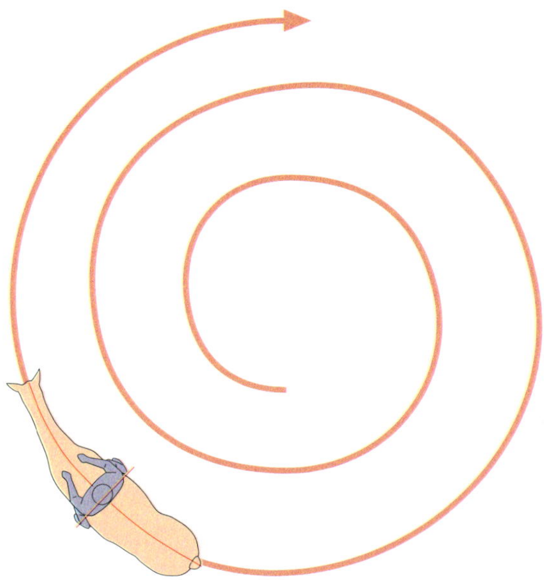

...beim „Zirkel vergrößern" wird es auf dem selben Weg wieder herausgeritten.

ZÜGEL AUS DER HAND KAUEN LASSEN

Die Verlängerung des Zügelmaßes bis hin zum langen Zügel bei Aufrechterhaltung einer sicheren Verbindung zum Pferdemaul.

SO SOLL ES AUSSEHEN Beim „Zügel aus der Hand kauen lassen“ soll das Pferd, wie die Bezeichnung dieser Übung schon sagt, sich den Zügel kauend nehmen. Dabei soll es seinen Hals nach vorwärts-abwärts fallen lassen und zwar so weit, bis sich sein Maul mindestens auf Höhe des Buggelenks befindet. Seine Stirnlinie bleibt vor der Senkrechten, Takt, Tempo und Gangart bleiben erhalten.

DIE HÄUFIGSTEN FEHLER Nur angedeutet (Reiter überlässt dem Pferd nicht genug Zügel); mit Anlehnungsmängeln (z.B. Kopfschlagen); nicht mehr an den Hilfen; kaum/keine Dehnung; mit aufgeroltem Hals; eilig, davonstürmend; auf die Vorhand fallend; nach unten stoßend, mit Taktstörungen.

RICHTIGE HILFEN, FEHLER VERMEIDEN Das „Zügel aus der Hand kauen lassen“ ist mehr eine Übung als eine echte Lektion. Aus diesem Grund gibt es eigentlich auch keine eigenständigen Hilfen. Der Reiter öffnet lediglich seine Fäuste ein wenig, damit das Pferd am Zügel nach vorwärts-abwärts abkauen kann. Je nach Gangart werden alle bis dato notwendigen Hilfen weitergegeben. Pferde, die nicht konsequent über den Rücken gearbeitet wurden, offenbaren bei dieser Übung schnell ihre Probleme und wollen (und können) sich nicht in vorgeschriebener Art und Weise an die Reiterhand herandehnen. Hier kann am langen Zügel ⇢ Reiten-in-Stellung über mehrere Tritte/Sprünge hilfreich sein. Durch das „Hohl machen“ von Ganasche und Innenrippe bei gleichzeitigem Treiben kommen die meisten Pferde besser an die Hand heran und trauen sich, ihren Hals zu dehnen. Bei Pferden, die zum Wegeilen neigen, sollte man die Übung zunächst im ⇢ Leichttraben, am besten auf dem Zirkel, absolvieren und dabei „gegen den Rhythmus“ des Pferdes leichttraben. Wie das geht? Ganz einfach: Beim Aufstehen bleibt der Reiter einen Moment länger oben, bevor er wieder im Sattel einsitzt. Dies fühlt sich ziemlich schrecklich an – auch fürs Pferd. Die meisten Pferde reagieren ein wenig irritiert, versuchen, sich dem Sitz-Tempo des Reiters anzupassen und werden langsamer.

ZIEL DER LEKTION Beim „Zügel aus der Hand kauen lassen" trennt sich oft die Spreu vom Weizen. Denn diese Übung gibt schon ziemlich am Anfang der Ausbildung Auskunft darüber, ob Pferd und Reiter auf dem richtigen Weg sind oder nicht. Auftretende Fehler beim „Zügel aus der Hand kauen lassen" entlarven sehr schnell grundlegende Ausbildungsmängel, vor allem im Bereich Takt, Anlehnung und Losgelassenheit, den drei ersten Punkten der Ausbildungsskala. Ein Pferd beispielsweise, das von einer starken Reiterhand mit Zügel und Kraft in Haltung gezwängt wurde, wird niemals ein korrektes „Zügel aus der Hand kauen lassen" zeigen. In der Dressurprüfung ist diese Übung deshalb ein wunderbares Instrument, verdeckte Fehler aufzudecken. Und auch in die tägliche Arbeit sollte sie immer wieder eingebaut werden, da hiermit der Reiter sich und seine Arbeit gut überprüfen kann. Nur ein gut gerittenes Pferd wird sich vertrauensvoll bei gleich bleibendem Tempo an den langen Zügel herandehnen – und zwar zu jedem verlangten Zeitpunkt.

Beim „Zügel aus der Hand kauen lassen" soll sich das Pferd – so wie auf diesem Foto – vorwärts-abwärts an die Reiterhand dehnen (hier könnte die Nase noch etwas mehr vorgehen).

BESONDERHEIT Grundlagenübung; sollte jederzeit möglich sein.

SKALA-FAKTOR Takt*, Losgelassenheit**, Anlehnung**, Schwung*, Geraderichtung, Versammlung.

ZULEGEN

Tempoerhöhung im Trab oder Galopp.

SO SOLL ES AUSSEHEN Zulegen ist keine Lektion. Es beschreibt lediglich einen Vorgang, der als Vorstufe der Lektionen im mittleren (→ Mitteltrab, → Mittelgalopp) oder starken Tempo (→ starker Trab, → starker Galopp) bezeichnet werden könnte. Beim Zulegen sollen, sowohl im Trab als auch im Galopp, durch Erhöhung der Schubkraft aus der Hinterhand die Bewegungen größer und länger werden. Dabei soll das Pferd immer die Tendenz nach bergauf erkennen lassen und seinen Rahmen erweitern.

DIE HÄUFIGSTEN FEHLER Laufend; eilig; über wenig Boden; wenig Schub; auf der Vorhand; hinten breit; flach; eng werdend.

Bei jeglicher Form des „Zulegens“ – hier die Autorin – soll sich der Rahmen des Pferdes erweitern.

RICHTIGE HILFEN, FEHLER VERMEIDEN Um im Tempo zuzulegen, muss der Reiter zunächst sein Pferd durch eine halbe Parade aufmerksam machen, es also zwischen Kreuz, Schenkeln und Zügeln ein wenig zusammenschieben. Das sich dadurch aufbauende „mehr" an natürlicher Körperspannung kann sich in vermehrtem Schub nach vorn kontrolliert entladen, wenn der Reiter im Moment des Zulegens die Hände ein wenig vorgibt und vermehrt mit Kreuz und am Gurt liegenden Schenkeln nach vorn treibt.

ZIEL DER LEKTION Umgangssprachlich wird im Reitunterricht schon mal, der Kürze wegen, die Anweisung gegeben: „An der nächsten langen Seite mal zulegen". Eigentlich sagt dies nichts darüber aus, ob → Tritte verlängern, → Mitteltrab oder gar → starker Trab erwartet wird. Im Training ist dies aber auch gar nicht so wichtig, denn das Zulegen an sich ist schon eine gute Übung, egal in welcher Ausprägung es geritten wird. Durch die allgemeine Erweiterung des Rahmens bei vermehrter Schubentwicklung spricht es nicht nur andere Muskelgruppen an, es trägt auch zur Förderung der Losgelassenheit bei. Der Wechsel von Zulegen und Einfangen ist deshalb eine wichtige Übung, die – immer wieder in die tägliche Arbeit eingebaut – sowohl zum Aufbau der Hinterhandmuskulatur, als auch zur Entspannung beiträgt.

BESONDERHEIT Grundlagenübung; in der Löse- und in der Arbeitsphase reitbar; für Trab und Galopp vorgesehen; schult Schubkraft.

SKALA-FAKTOR Takt**, Losgelassenheit**, Anlehnung**, Schwung**, Geraderichtung*, Versammlung.

ZURÜCK

Siehe → Rückwärtsrichten (S. 128)

ZWEIERWECHSEL

Siehe → Serienwechsel (S. 146).

SERVICE

ZUM WEITERLESEN

Aguilar, Alfonso

Wie Pferde lernen wollen; Bodenarbeit, Erziehung und Reiten, Kosmos 2004
Der Mexikaner Alfonso Aquilar, bekannt für seine begeisternde und einfühlsame Art Pferde zu trainieren, zeigt anhand vieler praktischer Übungen den Weg auf, wie Pferde in ihrem Wesen begriffen und gefördert werden können.

Hinrichs, Richard

Reiten mit feinen Hilfen; Sitz, Einwirkung, Motivation für Reiter, Kosmos 2005
Richard Hinrichs erklärt in seinem Buch das umfassende Wissen zum richtigen Reitersitz und zur feinen Hilfengebung bis in schwierige Lektionen hinein.

Hölzel / Plewa

Profitipps für Reiter; Grundlagenarbeit, Springausbildung, Dressurtraining, Kosmos 1992/2003
Jeder ambitionierte Turnier- und Freizeitreiter steckt für sich und sein Pferd Ziele, sei es für das reiten auf dem Dressurplatz, im Springparcours oder im Gelände. „Profitipps für Reiter“ bietet in klarer übersichtlicher Frage-Antwort-Form die Wege für eine erfolgreiche Umsetzung.

Krämer/Schumacher:

Die Kosmos Reitlehre; Erfolgreich im Sattel von Anfang an, Kosmos 2002
Dieses Standardwerk greift alle Aspekte der Reiterei auf. Wollen Sie mehr über andere Reitweisen erfahren oder auch nur über die klassische Reitausbildung, dann ist dies ein Buch, das keine Fragen offen lässt.

Meyners, Eckart

Das Bewegungsgefühl des Reiters; Das innere Auge schulen, reiterliche Probleme lösen, mit über 300 praktischen Übungen, Kosmos 2003
Mit der Meyners-Methode entwickelt der Reiter ein Gefühl für seine Bewegungsabläufe, Rhythmus und Gleichgewicht. Mit gezielten Übungen werden anhand Hunderter von Detail-Illustrationen Schritt für Schritt die häufigsten Reitprobleme und Sitzfehler korrigiert. Denn ein locker und entspannt sitzender Reiter ist die Voraussetzung für erfolgreiches Reiten.

Meyners, Eckart

Bewegungsgefühl und Reitersitz; Reitfehler vermeiden – Sitzprobleme lösen, Kosmos 2005
Mit dem Praxisbuch zur Meyners-Methode bekommt jeder Reiter flatternde Schenkel, hohe Absätze und unruhige Hände in den Griff.
Das 6-Punkte Kurzprogramm für besseres Reiten und der mobile Stuhl „Balimo“ werden erfolgreich auf Lehrgängen eingesetzt.

Puls, Susanne

Der ganz normale Reiterwahnsinn; Überlebenstipps, die in keinem Lehrbuch stehen, Kosmos 2004
Dieser ironisch geschriebene Ratgeber beschriebt die Marotten der Reiterszene auf unterhaltsame Art und Weise und begleitet den Neueinsteiger wie den Fortgeschrittenen auf allen Stationen seiner Reitkarriere vom Erwerb seiner ersten Ausrüstung bis hin zu Kauf und Pflege des eigenen Pferdes.

Richtlinien für Reiten und Fahren; Ausbildung für Fortgeschrittene, FN-Verlag der Deutschen Reiterlichen Vereinigung 1994
In diesem Standardwerk sind die wichtigsten Grundsätze der fortgeschrittenen Ausbildung in der Dressur, Springen und in der Vielseitigkeit zu finden.

Schöffmann, Britta Dr.
Die Skala der Ausbildung; Erfolgreich reiten nach den Richtlinien der FN, Kosmos 2003
Mit praxisnahen Schritt-für-Schritt-Anleitungen wird das Erfolgsrezept der deutschen Reiterei in Wort und Bild grundlegend vom Takt bis zur Versammlung erklärt.

Schöffmann, Britta Dr.
So gelingt die Dressurprüfung; Nennen, starten, gewinnen, Kosmos 2002
In welcher Prüfung darf ich starten? Welches sind die wichtigsten Lektionen? Was wollen die Richter sehen und wie kann ich gewinnen? Dieses Buch zeigt Ihnen den Weg von der Nennung bis zur Siegerschleife.

Schöning, Barbara Dr.
Das Kosmos Erziehungsprogramm Pferde; Pferdeverhalten verstehen, Verhaltensprobleme vermeiden und lösen, Pferde richtig motivieren, Kosmos 2004
Hier finden Sie das kleine Einmaleins des guten Benehmens für Pferde und wie Sie es auch mit Ihrem Pferd spielerisch und mit Freude erreichen.

NÜTZLICHE ADRESSEN

Deutsche Reiterliche Vereinigung (FN)
Freiherr-von-Langen-Str. 13
D- 48231 Warendorf
Tel.: 0049-(0)2581-6362-0
Fax: 0049-(0)2581-62144
www.fn-dokr.de

Vereinigung der Freizeitreiter und -fahrer in Deutschland (VFD)
Auf der Hohengrub 5
D-56355 Hunzel
Tel.: 0049-(0)6772-9630980
Fax: 0049-(0)6772-9630985
www.vfdnet.de

Bundesfachverband für Reiten und Fahren in Österreich
Geiselbergstr. 26-32 / Top 512
A-1110 Wien
Tel.: 0043-(0)1-7499261-13
Fax: 0043-(0)1-7499261-91
www.fena.at

Schweizerischer Verband für Pferdesport
Papiermühlestr. 40 h
Postfach 726
CH-3000 Bern 22
Tel.: 0031-(0)335-4343
Fax: 0031-(0)335 4358
www.svps-fsse.ch

IMPRESSUM

Bildnachweis

Farbfotos: Jean Christen / Kosmos (2: S. 10), Lothar Lenz / Kosmos (14: S. 18, 22, 29, 63, 71, 77, 105, 109. 168, 171, 178), mawe-Bilderdienst (1: S. 200), Julia Rau / Kosmos (4: S. 17, 86, 170), Christof Salata / Kosmos (1: S. 195), Barbara Schnell (7: S. 39, 102, 105, 109, 153, 158, 202), Horst Streitferdt / Kosmos (1: S. 62).
Alle weiteren 135 Farbfotos wurden von Alois Müller für dieses Buch aufgenommen.
Die Illustrationen stammen von Cornelia Koller.

Impressum

Umschlaggestaltung von eStudio Calamar unter Verwendung von zwei Farbfotos von Alois Müller und einem Farbfoto von Barbara Schnell (U4).

Mit 165 Farbfotos und 22 Farbillustrationen.

Bibliografische Informationen der Deutschen Bibliothek
Die Deutsche Bibliothek verzeichnet diese Publikation in der Deutschen Nationalbibliografie; detaillierte bibliografische Daten sind im Internet über http://dnb.ddb.de abrufbar.

Alle Angaben und Methoden in diesem Buch sind sorgfältig erwogen und geprüft. Sorgfalt bei der Umsetzung ist jedoch geboten. Verlag und Autorin übernehmen keinerlei Haftung für Personen-, Sach- oder Vermögensschäden, die im Zusammenhang mit der Anwendung und Umsetzung entstehen könnten.

Gedruckt auf chlorfrei gebleichtem Papier

ISBN 3-440-10102-9
Redaktion: Alexandra Haungs
Produktion: Kirsten Raue, Claudia Kupferer
Printed in Slowakia / Imprimé en Slowaquie